你不能選擇出身，
但能活出想要的人生

大姐 Selena
寫給不甘現狀、
不想放棄的你

陳珮甄 Selena／著

PART 1 原生家庭的傷

PART 2 成為大人的路上

PART 3

活成想要的自己

推薦序

人生的每一天能夠更美麗的具體作法，即將在你手中

龔建嘉

我們都喜歡看那些經歷逆境，人生反差很大的故事，因爲扣人心弦又激勵人心。但如果你是故事內的主角，你有勇氣在最艱困的環境走下去嗎？

因爲認識 Selena，使我在看這本書的時候，就像是小時候看恐怖片會用手遮住眼睛，很想看，又不敢看，因爲這些故事太眞實、太扎心、太痛苦，又太糾結，幾乎讓人不忍看下去。很難想像 Selena 在寫這本書的時候，要重新回想這一路的過程需要鼓起多大的勇氣，又是多麼堅強才能直球對決重新面對過去的人生。重新撥開自己的傷口，並且攤開來成爲其他人的養分，我在故事中感受到的，不只是那些幽暗的經歷，更是用正向與陽光的人生態度來照亮這些陰暗。

我在創業初期，對於所有的合作夥伴，都抱持著百分之百的信任。也遇到很

多懷有許多善意，也對我們抱有相同信賴的合作夥伴。有一次，一個物流的合作廠商在我們創業初期出現，他爲我們配送每一個不易抵達的地方。那段合作期間，司機大哥甚至每週送晚餐給在公司加班的夥伴，我們當時眞的覺得遇到了最好的人。然而在一個月後，他幫我們收了全臺灣飲料店家高達幾百萬的款項後，捲款消失。

那一段時間面對任何合作，我都充滿了不信任感，公司的夥伴們也開始質疑所有的合作對象。但如果因爲這少數的人，就改變我願意相信別人的心態，反而讓那些傷害別人的人得逞了，因爲這世界會變得更像他們的樣子，而且「無法相信別人」成爲折磨自己一輩子的事。社會上大部分的人，都曾經被傷害過，漸漸以不信任爲前提，想降低風險、想讓自己受傷的機會減少。所以看到 Selena 在經歷更大、更難受的不信任關係後，接受這些經歷不是自己的錯，且能轉化出「別把痛苦當作傷害別人的藉口」如此溫柔的人生體悟。

家家有本難唸的經，每一個人都有不同的經歷，而透過別人的眼睛與故事，可以帶給自己新的視角與啓發，甚至可以在這過程當中療癒自己受的傷，我想正是這一本書最強而有力的力量。故事的最後，我遮住臉的手放下來，感受到的是溫暖的力量，就像走在冬日的暖陽下。書中的每一個轉念，每一個正向的思維，都是讓人生的每一天能夠更美麗的具體作法，簡單卻不容易，但答案在書中，也即將在你手中。

給自己一個擁抱吧！如同書中所說的，每一種美麗，都有各自的姿態，不要害怕，只管好好長大，然後，成為自己喜歡的，那種大人，你絕對可以活出自己想要的人生。

（本文作者為鮮乳坊創辦人）

各界推薦

人生沒有永遠一手好牌，但你若有堅韌心智、看透本質，這將會是你手中的王牌。我從 Selena 的經歷，看到了她擁有那張王牌、永不妥協的力量，成就現在的她，更鼓舞許多正處於失去、失意、失敗的人。無論順境或逆境，都推薦你看看此書，相信會有所啓發。

——91APP 董事長／何英圻

與珮甄的緣分，結識於《新聞挖挖哇》，透過探討各種不同的主題，有機會聆聽她各個成長階段的生命故事，她歷經過「童年逆境經驗」（Adverse Childhood Experiences）：被大人用語言羞辱怒罵、經常性的被肢體暴力對待、情感或情緒上長期受到忽略，身體上也常疏於被照顧，這些大人的行爲都不是一個孩子可以控制的，難免會覺得世界充滿了危險與傷害，很難跟別人發展出信任關係，她卻能將創傷經驗轉化成生命養分，鍛鍊出強健的心理肌力。

在《你不能選擇出身，但能活出想要的人生》這本書中，不僅眞誠地跟大家分享血淚交織的故事，更寫出自己如何走過這些逆境的心路歷程。很佩服她的內在勇氣，雖然她形容自己「我不是勇敢，只是太渴望獲得」，看著她把握機會，參加各種比賽，就很想爲她鼓掌，更想告訴她：「妳夠好成爲別人學習的榜樣。」相信這本書能帶給大家滿滿的心理能量，看到自己的好，活出自己想要的人生。

——松德精神科診所諮商心理師、知名作家／林萃芬

我是在《新聞挖挖哇》節目裡認識珮甄的。初次上節目的她，談的是原生家庭的議題。她聊到事業失敗破產的父親、終日鬱悶寡言的母親，以及爲了貼補家用而工作到病倒的過去。讓人很難想像，經歷這些灰暗過去的她，現在是一個喜歡說笑話、看來自信光采的企業管理顧問。

她的人生充滿坎坷的片段，卻沒有放棄過希望。在沒有家庭金援的情況下，靠自己的努力進入外商任職，歷練職場、商場磨鍊之後，在婚姻的課題上，又再

次遭遇挫折。聊到這些往事，她沒有怨恨，只希望把自己的經驗講出來，讓觀眾朋友在面對人生課題時，獲得眞誠的參考資訊。

常在主持節目的同時，聽珮甄聊起她遭遇的種種故事，現在她將這些故事記錄下來、集結成書，希望她遇到困難卻不放棄的勵志精神，可以鼓舞有機會讀到這本書的每一位朋友，即使你的人生一開始沒有最好的開場，一樣能活出精采美好的人生。

——資深媒體人／鄭弘儀

自序

過去的折磨，都會在未來變成閃閃發光的美好結晶

二〇二三年的正月初七，在大家準備要上班的前兩日，我在臉書上發表一篇瞬間爆紅的商業分析文，以臺灣近年某個大砸錢行銷的成衣品牌爲案例，告訴讀者資本遊戲背後的眞理：「有些事情，你不必學、也不配學。」「人家投胎就贏你，有些事情不必浪費力氣。」這篇文章獲得一．八萬個網友按讚、五千六百多次分享，爲我帶來一．五萬個新追蹤粉絲。

分享貼文的網友們各自感慨，羨慕出生就含著金湯匙的人生勝利組：「一出生就輸了，何不直接躺平？」「人家在玩資本遊戲，我們還傻傻地在做無效努力。」……而寫出這篇文章、點醒大家面對現實的我，則是一個貨眞價實的「投胎失敗組」。

五歲那年，我的父親破產，全家連夜奔逃躲債，童年的記憶，混雜著貧窮與家暴的陰影。爲了脫貧，一面讀書，一面熬夜打工到身體垮掉。捨不得花錢滿足口腹之欲，一餐只用十七元買白飯與高麗菜。因爲害怕自己最後活得像父母那般憋屈、無奈的模樣，所以我奮起的動力只是爲了脫貧，然而，這樣的負面動力讓我看似積極進取，但在沒有人理解的內心角落裡，卻塞滿了不安與恐懼。

人人都渴望的工作機會，卻讓我沒有安全感

用盡全力拚搏，終於進到夢寐以求的外商，但夢想卻在眞實的職涯裡迅速觸礁，因爲在跨國大公司裡，每個職務都被劃分成細緻的功能，再往上爬到高階主管一職之前，每個人都得先成爲一顆嫻熟專業技能的螺絲釘。

這才了解到，原來我不喜歡像外商經理人這樣，處處受限的工作內容，我也不願意傾盡一生氣力，最後成爲資本市場裡創造營業額的工具。

我身處的外商公司，是世界最大的快速消費品集團，公司擁有的資源豐沛，也恰巧是這一點，令我焦慮——我擔心自己在大公司裡習得的技能，只能套用在

擁有豐沛行銷資源的組織裡。比起成爲被大公司豢養的高收入精英，我更希望自己是只憑赤手空拳，就能打天下的霸主，不需倚靠別人，就能傲然屹立。

在外商待幾年後，不顧主管的慰留，我天眞地遞出辭呈，期待自己學會不靠大資本，也能在市場上存活的本事。

結果那幾年，眞是淒慘無比。薪水腰斬再腰斬，還不是最糟的情況，最挫我銳氣的，是現實社會的殘忍血腥——說話不算話，到了現場澈底擺爛的廠商、拒絕出面協調，讓我獨自面對餐廳虧損歇業的老闆、落難時求我給他工作機會，翻身後與金主聯手，「憐憫」地告訴我「會讓妳有工作做」的廚師……被現實社會踐踏一百次以後，擦掉嘴角的血，死活都要站起來的我，最後終於學會與這世界斡旋的眞本事。不是學歷，也不是技能，而是不管遭遇什麼事情，都冷靜面對之後的「累積」。

同理心的累積

我累積了對人性的透澈、看清產業檯面下的運作；累積無數的傷心失望，終究理解本就不該抱持虛幻的期望，以及一個眞正核心的累積：同理心。

這些年的困頓，足以將我浸淫成一個憤世忌俗的婦人，但我最記得的，不是落難時眾人離棄的涼薄，而是求助無門時，內心的徬徨與恐慌。

如果此時的我，在經營顧問公司與分享產業文章時，獲得業主與讀者的喜愛，那是因爲我比任何人都更能同理爲求生存掙扎著的苦楚，這也是爲什麼我的策略與文字如此接地氣，貼近受眾最眞實心境的原因。

我從未有一天，忘記那個還困在局裡、受苦的自己。

從抱持脫貧大夢的少女，到資本市場中迷走奮戰的專業經理人，此刻返璞歸眞的我，帶著這一路走來的經驗值，不忘初心地成爲教人透過創業，活出自己價值的商業顧問。吃了那麼多苦之後的此刻，我才理解過去的折磨，都是積累；當年的眼淚，此刻都是信手捻來的談資，在每一場演講或顧問會議裡，成爲指點他人的智慧結晶。

我的生命，從個人成長到商場歷練，都是太過戲劇化的積累，如果我的人生故事能在某一個時間點成爲你繼續堅持下去的助力，這便是我與各位讀者之間，最美好的聯結。

前言
沒有投胎的運，還是要活成自己喜歡的樣子

我是一個出生時拿了一手爛牌的，投胎失敗組。

除了原生家庭的貧窮與家暴課題，我還缺了聰明會讀書的腦袋。

從小看盡無數勵志故事，說的都是窮困孩子如何在破敗的陋屋中，苦讀成第一名，或是即使需要照料生病父母與年幼弟妹，成績仍然名列前茅，考上理想的大學。

這些所謂的勵志故事，對我來說更像是澆冷水。畢竟從國小開始，分數不算最糟，卻也遠遠排不上前十五名的中庸成績，要用來脫貧，是不是太天真？

還身在校園中的每一分、每一秒，我都在忍耐。

忍耐升學制度的框架，忍耐每一張考卷發下來時，被羞辱般的挫折感；回到

家，看見妥協在貧困生活中的父母，用最憋屈的姿態求生存，我更覺悚然。

那是最極致的忍耐——沒有出口，只能日復一日，等待奇蹟出現的消極心情。我害怕一輩子都要像我父母這樣，忍耐無法自行逆轉的命運。

我沒有社會主流價值觀稱頌的特質、沒有很會考試的腦袋，或是令人一見難忘的絕美外貌，我唯一有的，是不願屈服於命運原始設定值的傲氣。

爲了不花一輩子的時間，忍耐自己不想要的日子，即使面對的是滿滿的逆境，我還是想盡辦法，將局勢扭轉成我願意活下去的模樣。四十二歲這一年，我長久以來的忍耐與磨難，總算轟轟烈烈地開成了第一朵花。

我是「行政法人文化內容策進院」輔導新創業者如何經營公司的業師、臺北市松山文創園區負責教育小型企業品牌營造的顧問，也是慈濟基金會「Fun大視野想向未來」青年創新推動計畫的總導師。我的日常生活，就在這些剛起步的創業老闆身邊，爲他們解惑、協助他們看清局勢，透過恰好的努力，開拓未來的新局。

我還是個時不時會在談話節目上出現的兼職通告藝人（笑）。感謝觀眾以收視率支持，每月我總有好幾次錄影機會，談逆轉命運、婚姻甘苦，分享一路走來的點滴，陪伴一樣在人生中掙扎前行的人們，鼓起勇氣面對未知與難題。

我一直是個想要有家的，孤單的靈魂。用盡心力經營的婚姻沒有善果，但離婚後的我，與女兒相依爲命。我想要的「家」，最後以我不曾料想到的型態，進入我的生命，成爲我前進的動力。

這就是人生。想要的，未必能獲得。**努力過後的付出，卻必定會在你意想不到的地方，開出美麗的花**。

即使熬到看來風光亮麗的此刻，我的人生依然充滿挑戰。罹癌後的身體能不能持續保持健康？過動症的女兒能不能好好學會群體生活？我的顧問公司能不能持續盈利？這本書能不能賣得好？（哈哈哈）

我終究沒有鑄成完美的人生，**但我成為了一個，喜歡自己的人**。

謝謝自己過去的努力，謝謝自己在最煎熬的時候沒有選擇逃避，我的人生好多眼淚，最後卻凝結成現在閃閃發亮的模樣，我還是辛苦地面對各個課題，日子不曾眞正一帆風順，但我很踏實地知道，此刻明媚的人生風景，是我一路上努力過後，最大的回報。

願你與我一樣，在流淚心碎之後，活成自己喜歡的人生：）

PART 1

原生家庭的傷

寫給十歲的自己：

「親愛的小孩，我知道妳比任何人都還要努力。

或許不曾有大人蹲下身來，輕輕摸妳的頭、注視妳的眼睛，專心傾聽妳的話語；或許妳一直都很拚命地想達成大人的期望，成為被稱讚的那個好孩子；或許妳偷偷哭過好多次，卻不曾有人發現在妳的心底有許多傷痕。

但親愛的小孩，我想要告訴妳的是：『妳很棒、很棒。』妳不需要跟任何人做比較、不需要迎合任何人的期待。

妳的存在，就是獨一無二的禮物；妳是特別的、珍貴的。

妳是值得被愛的。」

01 孩子，這不是你的錯

身爲子女，我們無法自行選擇父母。

我人生最初的故事，從不得不的承受開始，但隨著年歲增長，我逐漸看懂大人狂怒的背後，是對自己人生缺憾的憤恨。

做為孩子，我們沒有錯。不管生在什麼樣的家庭，我們都值得很多、很多的愛。

一夕之間，我成爲了住在鐵皮屋裡的孩子

我的記憶力很好，就算是四、五歲時期的事情，現在閉起眼睛，某些畫面依舊能在腦海中重演。關於童年的記憶，就像坐雲霄飛車，攀升至高處，看盡一切

美景，最後直直向下墜落的歷程。

一切要從父親倒閉的生意開始說起。

父親出生在一九五〇年，那是臺灣經濟正要起飛的年代。他與巨富郭台銘在同一年出生，那個時代的人，即使出身寒微，只要勤懇肯做，就能為自己掙得家產。套路通常是這樣：有一技之長的年輕人，意氣風發地用母親攢給孩子的老婆本創業，成為中小企業主之後，殷實努力地工作，積極爭取美國、日本訂單。這些訂單可能是雨傘、撞球桿，也可能是電器小零件，例如傳統電視機上頭的旋鈕。許多小公司的老闆拎著一只公事包，乘坐最低價格的紅眼班機，飛到美國去見客戶。為了省錢，他們在當地只住十來美元的廉價旅店，吃便宜的漢堡。拿到訂單後再飛回臺灣，繼續擴張生產線、添購設備，夢想藉著勤儉和努力，換來終有一天成為大老闆的美好想像。

我的父親，正是那個時代典型的年輕人。他耗盡工作多年的積蓄，在臺南永康的六甲頂買下廠房，轟轟烈烈地做起外銷到日本的藤製家具生意。父親其實不懂日文，卻能意氣風發地接待日本客戶來臺探視工廠。至今，我還記得有位日本客戶帶著他的太太，一同到父親工廠時的畫面：那對和藹可親的夫妻帶了一對出雲大社的木頭小偶與一枚五圓日幣給我當作禮物。憨憨的我收下了，直到長大才明白，在日語中，五圓與「ご縁（御緣）」同音，有廣結善緣的善意。

只可惜，這樣的好運沒能持續太久。大概在我念幼稚園中班時，父親的工廠破產了。破產的原因一直是個羅生門，眾說紛紜。當政府派人來查封工廠之前，我們全家早已爲了躲債，連夜打包搬走。除了要面對白道（銀行）與黑道（民間借貸）的追債壓力，父親還因爲跳票而觸犯票據法（此法令已於一九八六年廢止，就在我家開始跑路的一年後），成爲一名見不得光的通緝犯。當時才五歲的我，自然不會明白父親倉皇出逃的緣由，還喜孜孜地以爲要出去玩，將心愛的娃娃都塞進小背包，滿心期待人生第一次的「搬家」。

走投無路的父親，最後只能厚著臉皮向有些家底的母親娘家求援。外婆提供了一塊地讓我們有個安身之所，父親在黃土上搭建了鐵皮屋，水泥地上放塊床墊，就這樣草草遷入「家徒四壁」的新家。當時廚房瓦斯還沒裝設好，我們一家就蹲在地上，用卡式爐煮紅白小湯圓來吃。

沉溺在「搬新家」興奮感中的我，看不懂父母臉上沉重陰鬱的表情，歡天喜地地舀起小湯圓，稀哩呼嚕地吞下肚。但是，到了第五天，看到晚餐桌上唯一能吃的食物又是紅白小湯圓時，我再也開心不起來了。

在父親生意尚未失敗之前，我是被呵護的小公主。身上總是穿著一襲漂亮的洋裝，有紅色、茶色或格子花紋的……跟鄰近的孩子在工廠前面的廣場上玩耍，或是趁家人不注意時，帶大家爬上頂樓。那兒有一座水池，我撩起裙擺，把水池當成游泳池，跳進去嬉戲。沒想到，久未清理的水池底部滿是滑溜的青苔，才走沒兩步就滑倒了，因此全身濕透。面對驚惶的玩伴們，我還故作鎮定地安慰大家：「沒關係，我會跟爸爸媽媽說我被水噴到，這樣他們就不會知道我們偷偷跑上頂樓了！」

當時，父親在頂樓豢養了許多鴿子，我常常和父親一起站在鴿舍前馴鴿，也很喜歡聽鴿群從喉頭發出的咕咕聲，因爲我覺得很好聽。一樓還有父親鍾愛的德國狼犬，牠又黑又壯，卻一點也不凶惡，總舔得我一臉口水。

我很喜歡畫圖，有用不完的圖畫紙，搭配好大一盒的喜洋洋七十二色彩色筆，還有一臺可以隨處鋪設鐵軌的小火車，我常常坐在小火車上繞行工廠一圈，就像是巡視領土的女王。

然而，一夕之間，我成為住在鐵皮屋裡的孩子了。

五歲的我，不懂得人生有什麼道理，只是一心掛念著我的小火車、一起在水池裡潑水的玩伴，以及睡前靠在媽媽腿上，爸爸為我唸故事書的那段美好時光。

我們居住的鐵皮屋位於省道上，半夜總有轟隆作響的大貨車駛過，震得窗戶喀喀響。在睡夢中被驚醒的我，有時會發現爸媽正壓低音量說話，語氣中充滿憤怒又壓抑的情緒。

妹妹才一歲多，每天因為飢餓而啼哭。營養不夠充足的媽媽沒有奶水，必須到娘家借錢，才能買奶粉來餵飽妹妹。

曾經做慣國際生意、呼風喚雨的大老闆，變成住在違章鐵皮屋裡頭的破落戶，還因為被通緝而無法就業。憤恨命運不公的父親，迫於生計壓力，放下了成功生意人的架子，買了一組不鏽鋼餐檯與桌椅，開始在靠近馬路的鐵皮屋簷下賣豆漿維生。

這些不得不低頭的屈辱心情，自然不是一個五歲孩子能懂的。我依然用天真爛漫的心情面對一切，但已經被現實摧殘得不成人形的父母，如何能在面對嚴峻的生存困境時，還能好聲好氣地對待天天闖禍、頑皮搗蛋的孩子呢？

一個橡皮擦，帶給我的震撼教育

經營豆漿店的日子是辛苦的。

每到凌晨三點多，還在睡夢中的我，就會被磨豆漿的聲音吵醒；接下來睡睡醒醒，開始聽見各種鍋碗瓢盆碰撞、捽打麵團、擀製蛋餅皮的聲響……這些都是童年的日常。

雖然破產，父親仍堅持要我將原本的私立幼稚園念完。所以我一樣穿上圍兜兜、揹起書包，到學校上課、吃點心、玩耍。只是下課後回到家，迎接我的永遠是一臉疲憊的父母親。

豆漿店的工作緊湊，客人匆匆吃完早餐離開，上餐、收桌子都要快速，講求效率。然而，一碗五元的豆漿、一顆八元的包子，就算從早上六點賣到中午，收入仍然十分有限。後來父親決定延長營業時段，開始賣起鍋燒意麵、豆花與泡沫紅茶，希望賺到更多錢。

更多的販售項目，意味著更多的製備工作。

除了磨豆漿、米漿，還要買一袋又一袋的豬大骨，花好幾個鐘頭熬製高湯底。夏天的鐵皮屋像是高溫地獄，再加上瓦斯爐的火緩緩地燒著，站在鍋爐前的父親滿臉通紅，身上的汗衫很快就濕透了。

絕望的破產、緊迫的家計壓力、難以喘息的密集勞動，再加上燥熱的工作環境，父親在惡劣的環境中被逼成一頭情緒暴烈的野獸，而我卻毫不自覺地挑動他繃得太緊的神經。

從衣櫃裡總有滿滿簇新的洋裝，變成只能穿親戚二手舊衣，我總渴望地注視書店販售的可愛卡通貼紙，扯著爸爸的衣袖說要買。但家裡的經濟狀況已經是窮到要節省菜錢的窘況，怎麼可能買無用的貼紙給孩子？

某次到阿姨家玩時，我豔羨地盯著表妹鉛筆盒裡五彩繽紛的文具，還有聞起來香香的水果造型橡皮擦。她從鉛筆盒裡拿出葡萄與柳橙橡皮擦，並對我炫耀說這些是她爸爸買給她的香水橡皮擦，但她捨不得用，想到就會拿起來玩、聞一聞。我忍不住湊上前聞了聞……真的好香呀！

趁表妹不注意，我從鉛筆盒裡拿了其中一個草莓造型橡皮擦，藏在背心裙的口袋裡頭，再若無其事地走開。不久後，母親來喚我回家吃午飯，我握緊口袋裡的橡皮擦，像抓著一個讓我忐忑又興奮的祕密，一路狂奔地離開阿姨家。

擁有香水橡皮擦的幸福時光，遠比我想得要來得短暫。

回到家，正準備要洗衣服的母親要我換下外衣，急著吃飯的我，一時忘記橡皮擦的存在，馬上將背心裙脫給母親。結果才扒沒兩口飯，母親就走了過來，攤開手心問：「這是什麼？」

那一瞬間，差點脫口而出：「是『我的』草莓香水橡皮擦。」但我明明知道，不是的，那是「表妹的」草莓香水橡皮擦。

我啞口無言，連謊言都來不及編，只能愣愣地看著橡皮擦。坐在一旁的父親察覺我的異樣，放下筷子，沉著聲音問：「這是哪裡來的？」害怕到腦子一片空白的我，擠不出任何字句，吞吞吐吐地回應：「我、我拿的，從琬蕙的鉛筆盒裡面……」

父親的眼神越來越銳利。「妳拿的，還是人家給的？」

「她沒有給，是我自己拿的……」話還沒說完，一巴掌猛然往我左側臉頰揮過來，將我連人帶椅掃到地面上。突如其來的劇痛讓我扶住下顎，呆坐在地板上，仰頭看著瘋狂發怒的父親站起來想繼續揍我，卻被一旁的母親攔下。父親漲紅了臉，吼叫的聲音如雷貫耳地傳來：「妳偷東西？人家沒給妳，妳就偷？我們家什麼時候出了一個小偷？」

我嚇壞了。

雖然平時就常被父親修理，但從來沒有見過他如此憤怒的樣子，只能癱在地上發抖。父親甩開母親的手，狠狠捉住我的手臂，從地板上一路拖行到門外。他從工具箱裡抓了一捆紅色塑膠繩，不顧母親的阻攔與我的哭喊，半拖半抓地將我拽到阿姨家門口。

正在吃午飯的阿姨全家驚呆了，看著哭到鼻涕、眼淚滿臉的我與憤怒到滿臉通紅的父親。阿姨才想出聲勸阻，立刻被父親打斷：「這個垃圾小孩偷拿你們家琬蕙的橡皮擦，我今天就打她給你們看，讓她知道不能當賊仔！」在眾人的驚呼與一陣手忙腳亂的阻撓下，父親硬是用紅色塑膠繩將我的手腳反捆起來。我哭到上氣不接下氣，是害怕也是疼痛，父親接著抽出腰間的皮帶，開始抽打我。

冰涼的大理石地板上，在眾目睽睽的注視中，我被父親公開抽打，因爲我偷了一個我好想要，但家裡不能給我的橡皮擦。

那天的記憶，隨著年歲增長，逐漸模糊，但當下巨大的羞恥與恐懼感，卻不曾離開過。

很多年以後，我問父親是否還記得他曾經因爲我小時候偷東西，就將我綁起來鞭打的事情。他沒有什麼表情，只淡淡地回應：「我不記得有這件事。」是不記得了，還是不願意想起來？

五歲前被寵愛得像小公主的我，五歲之後開始面對父親情緒失控後，管教過當的虐打，那巨大的落差如同鴻溝，讓我無所適從。到底該怎麼做，才能讓爸爸像以前那樣對我好呢？爸爸生氣了，一定是因爲我不乖，才惹得他生氣，只要我當一個乖寶寶，爸爸就不會打我了吧？

幼年的我，對於父親的認知開始扭曲而混亂。會在公園用大椰子樹葉拖著我們在地上玩耍的爸爸，是疼愛我們的；會認眞研究照相器材，幫孩子拍攝照片，對著從相館取回的相片，大讚我們好可愛的爸爸，怎麼可能不愛我呢？

他生氣，一定都是因爲我不夠好。

流淚哭到睡著的夜晚，除了被毆打後身體的疼痛，有更多的是對自己的責備。那時候的我並不知道，做錯事的，不是淘氣的我，而是情緒失控傷害我的爸爸。

妳的存在，就是最美好的禮物

好多年後的今天，我想要告訴那個五歲的小女孩：「這不是妳的錯。爸爸媽媽的人生遇到翻天覆地的災難，光是要讓一家人有飯吃，就已經夠他們焦慮煩惱到無法好好睡覺的地步了，之所以會對妳冷淡，不是因爲妳不好，只是因爲他們活得太苦了。」

現在的我，也是一個小女孩的媽媽。雖然我一直期待自己的家庭圓滿平安，但造化弄人，在孩子兩歲多的時候，我必須與她的爸爸協調離婚事宜。我從來沒有忘記好久以前，當我還是個小女孩的時候，目睹大人之間的風雨，內心那份滿滿的恐懼與不安。小時候的我，永遠將父母的不快樂聯結到自己身上：「是不是因爲我不好，爸爸媽媽才會生氣？」

即使活在風暴中，即使疲倦到以爲自己再也無法往前走下去，我還是會躲起來將眼淚擦掉，再轉身好好擁抱女兒，因爲我知道，孩子雖然年紀仍小，卻有著亮晶晶的眼睛與敏感的心，已經悄悄開始感受周遭的一切。

如今的我，已是成年的大人。在經年的磨難中，學會處理好自己的人生課題，遇到困難的時候，也能提醒自己，不讓情緒沉溺在恐慌當中。**我知道該照顧好自己的心；同時，也照顧好因自己而生的那個小女孩。**

每回擁抱女兒軟軟小小的身軀，就恍若時光回溯，彷彿我環抱著的，是當年那個害怕不安的自己。

小時候的我，不曾得到過溫暖的擁抱；現在，我每天都在起床與睡前，給女兒一個綿長又堅定的抱抱：「親愛的小孩，謝謝妳出生在我的世界裡。妳的存在，就是最美好的禮物。」

不管生在什麼樣的家庭，

我們都值得很多的愛。

「親愛的小孩，謝謝妳出生在我的世界裡。
妳的存在，就是最美好的禮物。」

02 別把痛苦當作傷害別人的藉口

國小時我有兩大桶鉛筆，上面印了公主或小花，美到捨不得削來用。還有好多本貼紙收集冊，裡面滿滿各種雷射的、絨面的、可愛的卡通貼紙。

這兩項收藏品，我珍藏在書桌旁的書架上。我會反覆翻看貼紙收集冊，用手指摸摸上頭凸起的造型亮粉或水滴珠珠。那兩桶鉛筆我不曾使用過，常常把桶子抱在懷裡，將鉛筆一枝一枝抽出來把玩，嗅聞原木混著鉛心的質樸氣味，或是鉛筆頂端常常嵌著的橡皮擦傳來的甜香味。

我的收藏，是用零用錢買來的，同時也是父親的贖罪券——每回被父親狠狠揍完，我的收藏就會增加。

應該要是最愛我的人，卻是拚命傷害我的人

自從破產後，父親陷入怨恨自己懷才不遇的情緒中。他清晨起床磨豆漿、發麵團，或是熬一鍋又一鍋的大骨湯頭，爲了家庭的生計，賺取蠅頭小利。鍋燒意麵一碗三十五元，紅茶一杯十元，收入累積的速度太慢，過程又太消磨志氣。曾經意氣風發的大老闆，如何能說服自己屈身在這寒傖、看不見未來的勞動中？

他的創業夢沒有碎得完全。三十多歲的人，還有足夠的體力，更何況他有引以爲傲的口才，東山再起，是他贏回自己尊嚴的希望。

父親開始與各種朋友往來，討論奇妙的賺錢模式，或是據說能一本萬利的投資機會。父親說他的角色叫做「ブローカー」（Broker，仲介之意），媒合金主參與投資機會。在那幾年，期待用自己的滔滔口才，在無本的情況下創造商機。

這當然不是一件容易做到的事。

抱著發財夢卻又頻頻受挫，再加上日常勞動的疲憊、親戚間有意無意的訕笑，負面情緒在身上累積成一座巨大的黑山，影響他的一言一行。尤其當孩子不聽話

時，那些細小的失誤都化成炸藥，點燃了父親累積已久的怒火。

我們這些孩子被迫面對的情緒風暴，在毫無知覺的情況下，成爲父親發洩情緒的箭靶：飯吃太慢不應該、功課寫得很差不應該、考試成績太糟不應該、跟弟弟妹妹吵架打架不應該……每次被處罰，都是我的錯，是我自找的，是我活該。

記憶中最害怕的是父親用橘色厚速共（塑膠水管）體罰，材質厚實，當父親舉高手一揮落，水管鞭打在身體的那一瞬間，先是極尖銳的刺痛，再來便擴散成火辣辣的灼燒感。包覆塑膠皮的白色鐵製衣架則是另一個可怕的兇器，細細的管徑打在身上，像刀子甩來一樣，就算隔著衣物也能讓人一秒掉淚。其他信手捻來的還有腰間的皮帶、不知哪裡找來的粗棍子，以及怒急攻心時，伸手就甩來的耳光。

爲了懲罰過錯的體罰是冷靜的。可能是手心被拍打幾下，打你的目的是要你記得這樣的行爲不能再犯；而情緒失控的打法，是往死裡揍，生氣到腦海中除了憤恨之外，再無他物的施暴。

被打的孩子，那一瞬間，承受的是雙重恐懼。

看見日常相處的家人因狂怒而變成一頭野獸，手握兇器朝著自己惡狠狠地砸來，承受皮肉痛的同時，也目睹了他面目猙獰的可怖……這個世界上，應該要是最愛我的爸爸，此刻，卻是拚命傷害我的人。

在那個瞬間，我眞的很難說服自己，這樣的爸爸，其實是愛我的。

父親打累了或是母親勸阻成功了，他就會扔下手上的棍子，看似餘怒未消地走開。那時候的我通常已經哭到無法呼吸，滿臉鼻涕與眼淚，以及一身刺痛到發麻。還記得每次被揍完，我會低頭看自己的皮膚，一開始能看見一條條浮起交錯的粗血痕，再過一陣子，這些血痕就會轉成青黑色，差不多在一週內，屁股坐到椅子都會刺痛得倒抽一口氣、泛淚的地步。

當父親情緒恢復冷靜後，總會對自己的暴行後悔。他表達愧疚與抱歉的方式，是到文具店買可愛的日本鉛筆或公主貼紙，裹在彩色紙袋裡，再若無其事地遞給鼻青臉腫的我。

幾天前把妳打到皮開肉綻的人，卻又買了禮物，這究竟是討厭還是愛？但從小就被匱乏感占領的我，還是喜滋滋地收下了。因爲我只是個孩子，一個好想擁有同學鉛筆盒裡的橡皮擦、穿著蕾絲洋裝的窮人家孩子。

做一個比誰都更能同理他人傷痛的，溫柔的人

被甩耳光後流鼻血、被關在黑暗的廁所裡、被揍到全身開花要爛掉一樣……三十幾年過去了，我沒有忘記過童年遭遇過的家暴陰影，每次回想起來，眼眶還是會濕濕的。

你問我恨過父親嗎？若說沒有，是騙人的。

青春期的時候，我的叛逆跟海嘯一樣猛烈。那些說不出口的憤怒與憎恨在青春期的賀爾蒙中全炸開來。我怨恨動不動就打我出氣的父親、怨恨無法保護我的母親，怨恨對權貴子女特別眷顧的班導師，怨恨自己爲什麼出生在這個家庭裡……甚至有好長一段時間，我覺得自己根本不該出生在這個世界上。

當我長大、經歷夠多的事情，逐漸生出足夠的力量可以照顧自己時，用平心靜氣的態度，再回頭看父親的暴行，這個破產後一無所有的中年男子，是個困在自己人生課題中的男人。他太苦了，忘記自己同時也是孩子們的父親，忘記他在苦苦掙扎的同時，也製造了新的創傷，烙印在下一代的孩子身上。

長大以後的我，理解了他的苦痛，但不認同他的行爲。因爲**任何人都不該把自己的傷痛，做為傷害別人的理由**。

所以，現在的我，如果還花時間去恨一個人，那就是白白浪費自己珍貴的生命。

我不談原諒，因爲那是神才做得到的事。我只想與自己和解，不把情緒滯留在痛苦的記憶中，往前走，不被任何爛人爛事給羈絆。

記得曾經被傷害的痛苦，告訴自己，**做一個比誰都更能同理他人傷痛的，溫柔的人**。

任何人都不該把自己的傷痛，
做為傷害別人的理由。

03 謝謝妳，讓我開始相信自己

我們家在躲債後落腳的鐵皮屋，位於臺南永康區，現在一片繁榮的樣貌，數十年前，其實是風化場所密集的地方。我們家右手邊是修車場，左手邊是一塊養著零散雞鴨的荒地，再過去便是整排的茶藝館。每當車輛行經茶藝館，門口坐在藤椅上的中年男子便會放下嘴裡叼著的菸，站起身來揮手吆喝：「人客來坐喔！」

父母親生怕我們沾染風化場所的不良習氣，每當茶藝館打電話叫飲料或意麵，都不讓我們幫忙外送。到了上小學的年紀，考量學區內的國中小都是出了名的流氓學校，父母親決定讓我越區就讀，將我的戶籍遷到位於臺南市中西區的外婆家，就算每日騎機車來回需要耗費一個多小時，也要確保孩子們在相對安全的學校裡讀書。

小學六年的時間，我總是在清晨六點便被喚起床，然後迷迷糊糊地走到浴室，常常坐在馬桶上失神睡著，直到母親急匆匆地推開浴室門、對我大叫才驚醒。表妹與我同齡，一開始是阿姨家與我們家輪流用機車接送孩子，後來孩子陸續長大，機車三貼日日往返一段日子後，換成家長輪流用車輛載送。

原來，我的努力根本不具意義

為了確保學業品質，父親確實煞費苦心。我們越區就讀的學校，是一所歷史悠久的公立小學，每年入學班級數量眾多。曾經身為大老闆的父親總還有些人脈，關說後，硬是把我跟表妹塞進名師的班級裡。

所謂「名師」通常是管教嚴格出了名的老教師，我與表妹兩個沒什麼背景的窮孩子被送進這樣的班級裡，傻愣愣地上了四年課。還記得當年臺南市長的千金與幾個知名企業的孩子都與我同班，而那也是我初次體會人情冷暖的時光。

記憶中，市長千金不太愛上學。我們常常碰到上課上到一半，門口傳來喧鬧聲的情形——千金被家庭教師（或傭人）拖拉進教室，記得她時常皺眉噘嘴，對好多事情不滿意又不說話的樣子。

千金不愛念書，成績並不出色，從人緣到才藝各方面都沒有特別出眾之處。但小學三年級那年，學校要選模範學生，班級需要先內部評選。在班會上主持選拔會議的導師在黑板上寫下幾個同學的名字，讚美他們在美勞、課業或體育上的表現，並且頒發獎品。最後，老師也在黑板上寫了千金的名字，並要她上臺領獎。

在臺下的我非常錯愕。

明明是考試成績倒數、時常遲到早退又不曾擔任過幹部的千金，居然就這樣獲得了模範生選拔的提名。老師在臺上對千金的乖巧努力稱許了一番，然後要求全班同學鼓掌。就這樣，千金成為我們班的模範生。

另一個讓我永生難忘的事件，則發生在國小畢業典禮的排演現場。

那年，我因為拿下臺南市國語文競賽的演講比賽優勝，被選為畢業生致詞代表。在大禮堂中預演儀式時，我坐在第一排的鐵製折疊椅上，手中捏著講稿、默唸講詞。這時校長走來，在我身邊落座，悠悠地在我耳邊開口：「陳同學，今天預演妳先上去練習。但如果畢業典禮當天，市長有來，就請妳坐在這個位置上，不要上臺，我們會讓市長女兒代表畢業生致詞。」

我簡直不敢相信自己的耳朵。但校長輕輕一笑，拍拍我的肩膀便起身離開，留下像個傻瓜的我呆坐原位。

原來，妳的努力根本不具意義。某些人在出生那一瞬間，便已經拿了滿手的好牌，他不需要施力也不需要爭取，世界就會敞開胸懷，任由他們盡情享受甜美的果實。

類似的屈辱經驗，在我成長的過程中，反覆出現。每當我努力到精疲力竭、快要無法支撐下去時，看見出身在好人家的權貴子弟們，輕輕鬆鬆就能獲得豐碩的成果，我不只一次絕望地問自己：「為什麼我還要堅持下去？這是個不公平的世界，根本沒有人歡迎我。」

短短一句話，讓我相信自己是個有價值的人

我是個不被期待的孩子。

支撐我繼續向前的，則是一點點的人間善意，來自於願意主動拉拔我一把的老師與長輩們。例如，知道我沒有錢訂牛奶與麵包，總是欣羨地看著值日生分發點心，剛好在學校任職的阿姨，每個月會將牛奶錢放在信封袋裡交給我，讓我與

其他同學享有同樣的待遇。

又或者是小學四年級時，我寫的文章被校刊刊登出來，學校請文章被採用的學生們到輔導室集合。還記得輔導老師是一位身材有點豐腴的敦厚女士。她慈祥地環顧每一位小朋友，接著從置物櫃裡搬出好多米老鼠的鐵製置物盒，一人發一個。

她瞇起雙眼，滿臉笑容地說：**「你們都是好孩子，要繼續加油喲！」**

盒子的右下角有一個大大的米老鼠笑臉，底下黏著雷射標籤，證明是正版的迪士尼產品。我小心翼翼地抱著它越過操場，走回教室後落座，慎重地將它放在膝上，始終捨不得放下。

那是家裡不會有閒錢買給我的文具。更重要的是，將禮物送給我的人，好溫柔地笑著告訴我，我是個好孩子。

幾十年過去了，當初的輔導老師叫什麼名字，早已不復記憶。或許老師一直是個溫柔的人，餽贈學生禮物、鼓勵孩子們向上，是她的教學日常。但我好希望讓她知道，當初她殷殷鼓勵過的孩子，一直將她有力量的話語放在心中，直到我長大成人，也不曾忘記在最自我否定的童年階段，輔導老師只憑一句溫暖的鼓勵，就爲我帶來持續好多年的力量。

這像是魔法，卻不是難以施展的奇術。在我屢屢遭遇挫折、難以說服自己繼續努力的當下，需要的其實**只是一句單純的鼓勵，讓我能夠重新相信自己、期待未來將會有美好的事情發生**，才能在看不見希望的困境裡，生出繼續向前的勇氣。

每當沮喪到就要放棄的谷底，那天在輔導室的午後記憶，就會浮現在我的腦海裡。那是個天氣很好的日子，陽光透過窗櫺、撒落在輔導室的地板上。

想起曾經有一位老師，對著我微笑、讚美我是好孩子。

讓我相信，我是一個有價值的人。

相信有人對我抱持希望，期待看見我好好長大。

只憑一句溫暖的鼓勵，
就為我帶來持續好多年的力量。

04 我是不是不值得被愛？

從幼稚園到小學高年級，家裡的經濟狀況一直沒能好轉。逢年過節到親戚家借錢，已經是年年固定的「傳統」，父親不在場時，聽母親娘家親戚挖苦父親的好高騖遠，也是我逐漸習慣的場景。

只是，當聽到別人批評自己父親，卻又無法爲他辯解的時候，總會感到坐立不安。

家境上的弱勢，讓我在與親戚或同學相處時格外自慚。就算別人什麼也沒說出口，心裡頭也總有小蛇一般的念頭，從最陰暗的角落悄悄鑽出來，介意、害怕自己的窮酸味被人嗅到。尤其我不是個學業特別出色的學生，班級排名總在中間地段，無法在大大小小的考試中，建立起自己的自信。

但我必須找到一個方法，來證明自己的存在是有價值的——**我需要讓自己成**

為一個被喜歡的人。

我不是勇敢，只是太渴望獲得

很快地，我找到了一石二鳥的方式：報名各種比賽。

我喜歡坐在學校的圖書館，閱讀老師口中搜到就要沒收的「課外書籍」。週末喜歡騎腳車往臺南市區跑，在敦煌書局看一整天的書。肚子餓的時候，草草在附近的速食店點一包薯條裹腹（炸雞或漢堡不是我能夠負擔的選項，因爲口袋裡的錢眞的太少）。

小學時，我很愛找厚厚的小說來讀，閱讀時彷彿能脫離窘迫的現實，進入想像中精采華麗的情節，只要閉起眼睛、幻想書中的場景，我就不再是困在漏水鐵皮屋裡的陳珮甄，而是奔馳於大草原上的快意英雄。

書也好、雜誌也好，我貪心閱讀的同時，也注意到刊物頁末、時不時出現的徵文啓事。通常是文學大獎的徵件資訊，那些文豪等級的條件距離太遠，我不曾奢想自己的能力能搆得著入選邊緣。但這些徵件啓發了我的靈感：如果能找到有機會贏的比賽，是不是就可以獲得獎勵？

我開始每個月翻找兒少類雜誌，說故事比賽、演講比賽、作文比賽……只要有國小高年級組別的競賽，且會提供獎金或獎品，就抄下競賽資訊，再衝回家準備。

那是一種「沒有什麼可失去的」態度。

我擁有的太少了，害怕被否定、比賽落敗會挫折的這些設想，全然沒放在心上。只要給我一點點獲得額外資源的希望，就要卯足全力向前衝。

我不是勇敢，只是太渴望獲得。

得獎是驕傲，也是導火線

我參加的比賽超多。只要不用繳交報名費的競賽，我都會嘗試，就算沒有得到名次，拿個佳作、優選，也總有張獎狀、獎品或一點禮金。就這樣，我的獎狀一張張累積起來。

一開始父親還會喜孜孜地幫我買木頭相框，將獎狀裱起來留念。後來數量實在太多，乾脆直接用黑色大垃圾袋裝裹，舉凡書法比賽銅賞、作文比賽第三名，大大小小的比賽獎狀，統統往垃圾袋裡放。此時，我父親開始發現，女兒將自己跑成了一匹賽馬，用一張又一張的獎狀展示優秀的證據，而這匹賽馬，是他養出來的。

每當有友人來訪，父親就會在準備泡茶招呼客人的同時，掩不住喜色地將沉甸甸的黑色垃圾袋從衣櫥裡拿出來，解開袋口、拿出一疊疊獎狀給朋友們傳閱，炫耀自己的女兒有多優秀。

躲在門後偷窺大人們聚會動靜的我，將父親臉上滿滿的驕傲看得一清二楚。那一瞬間，我覺得自己無比偉大，讓不時在悲憤間自怨自艾的落魄父親，某種程度上重返睽違已久的榮耀時刻。

於是，爲了讓父親能繼續揚眉吐氣下去，我這匹賽馬就跑得更加拚命了。期待用比賽成果討好父親的同時，我單純地揣測，屢屢得獎的成就，必然能換來父親的疼愛，所以，那些被過度責打的施暴，也該到此爲止了吧？

沒有想到的，這些獎狀一方面成爲父親在親友間炫耀的驕傲，另一方面，也變成他找我麻煩的導火線。

困在落魄窘境感到自卑的父親，面對我因為屢屢拿獎而得意洋洋的姿態，只能加倍掩飾自己的尷尬，對待我的態度越發嚴苛。

當我不經意的言行挑動他敏感的神經，暴怒的情緒會如颶風般瞬間降臨；當他為女兒的小小成就感到驕傲的同時，害怕被看低，又無法說出口的彆扭心情，化成憤怒的咆哮，稍稍碰觸就會炸裂。

他說：「妳以為妳長大了，比賽得獎就了不起嗎？不要以為翅膀硬了，就能隨便頂嘴！」這些情緒，來自於他的羞慚。但一個十來歲的孩子，如何能讀懂這些細微的心思呢？

父親日漸暴躁的脾氣與持續動手的頻率，讓我越來越難以忍受。

進入青春期的我，身高頓時抽高，長到了一百六十公分，也超過父親。體型的優越感加上荷爾蒙變化，以及從幼年時期，對父親長期抱持既期待又怕受傷的矛盾情感，逐漸累積成叛逆。

一個塑膠袋，裝的是說不出口的道歉

在小學五年級的某個早晨，我們的衝突爆發了。不記得是爲了什麼原因，在出門上學前我惹惱了父親。他一陣嘶吼叫罵後，順手就是一記耳光，失去重心的我摔倒在地，鼻梁上的眼鏡也被打飛了。

我右手撐著地板，左手摸著熱辣辣的臉頰，那一瞬間，憤怒的情緒湧了上來，掩蓋所有念頭。幾乎是沒有任何思考地，我掙扎著站起身，用手肘狠狠往父親身上撞過去，一面流著眼淚大吼：「除了打我之外，你還會做什麼？只會打人，算什麼爸爸？」

沒料想到我會還手的父親，呆立在原地，一句話都說不出口。一旁的母親趁隙把地上的眼鏡撿起，立刻將我往家門外推，要我趕緊出門上課。

那天老師上課講授的內容，沒有一句能進到我的腦袋裡。眼鏡被打歪，戴在臉上實在可笑，不如收起來吧。黑板上每一個字都像裹了層白霧，一片模糊，分不清是因爲近視散光，還是眼淚的緣故。

一整天下來，我反覆思考：「怎麼辦？我打了爸爸，晚上回家後死定了吧？要道歉嗎？先跪下來會不會比較有用？我要怎麼做才不會被趕出家門？」「完蛋了！我居然還手！以後的日子到底該怎麼過下去……」

就這樣，我惶然不安地熬過了七堂課。這天是下課後要到補習班課後輔導的日子，我收好書包走向學校後門，才剛靠近門口，就猛地停住腳步。

我看見父親，就站在校門外不遠處。

一時慌了手腳的我根本反應不過來，目瞪口呆地望著父親的身影，不知該如何是好。究竟要躲在附近，等父親離開再走出校門？還是乾脆假裝沒看見他，火速遠離現場？

我實在太慌張了，慌張到無法冷靜下來思考對策。最後，腦筋一片空白地繼續往前走，耳朵裡聽不到周遭車水馬龍的聲響，只聽見心臟怦怦跳。

我的雙手捏得很緊，已經做好了要被當眾挨揍的心理準備……「爸。」我喊著，低頭看著我的鞋尖，不敢直視他。

父親沒有說話。

就這樣，我們沉默地站在那裡，不知道過了多久。

我始終沒有勇氣抬頭看父親，只是緊張萬分地低頭。後頭傳來學校鐵門關閉的聲音，父親突然轉身從機車取來一個塑膠袋，遞給我之後，便沉默地跨上機車離開了。

一直到父親的機車聲響遠去，我才敢抬頭看他離去的背影。我打開塑膠袋一看，裡面是一個菠蘿麵包與一瓶保久乳。

後來慢慢長大，我才終於明白，**那袋食物，代表的是一個懊悔的父親，說不出口的道歉**。

那天之後，父親沒有再對我動手過。

雖然偶然有激烈的責備、憤怒的臭罵，卻再也沒有因為情緒失控出手。

停止流淚，不被憤恨包圍

每一次被家暴的時候，我都會縮在棉被中，哭得很久很久，身上的傷口和內心的悲哀反覆抽痛著。我像是個沒有人愛的小孩，畢竟誰會捨得把自己珍愛的孩子，打到皮開肉綻的模樣呢？

或許，在動手的那一瞬間，父親高漲的情緒掩蓋了一切。當憤怒隨著時間褪去，他才意識到，這並不是他願意的結果。

被毆打之後，那些像道歉禮物般，擺在我書桌上的美麗鉛筆或貼紙，更讓我困惑。這難道不是他愛我的表現嗎？

好長一段時間，當我看著父親，眼底都是複雜的情緒。

我不知道他愛不愛我，也不確定，我愛不愛他。

在經過許多人情歷練之後，我學會用旁觀者的角度，放下受傷女兒的視角，才能平心靜氣地，重新檢視我們之間的關係。

當他被情緒淹沒、對我施暴，我明白，他發洩的是對生活的恨、對生活不順心的憤怒。這股恨意巨大到讓他失去理智，忘記他正在傷害的，不是讓他陷入悲慘生活中的凶手，而是還不懂事的孩子。

當怒意褪去，父親悄悄走進房間，看著蜷縮在床上遍體鱗傷的孩子，其實是愧疚的。直到下一次，他再次被情緒綁架，又再度做出讓自己後悔的事情。

長大以後的我，並不是一個人生勝利者。我用盡一切力量，擠進一流外商公司，卻被資深同事霸凌；拚盡全力，想創立結合社會公益與盈利的事業，最後卻因爲癌症宣告終結；就連婚姻也不盡如人意，我滿懷期待想打造的美滿家庭，在是非中劃下了句點。

但我不曾被憤恨包圍，做出任何失去理性傷害他人的事情。因爲我始終記得那個無辜被打的小女孩。在父親失敗人生中成爲祭品的她，最後花了十多年的時間才能放下心中的埋怨，與自己和解。

一個人的不幸，不該遷怒任何人。

如果我的成長過程是悲劇，就讓眼淚停留在這裡，我要長出足夠的力量，讓自己過著截然不同的人生。

一個人的不幸，
不該遷怒任何人。

05 有選擇的人生，才是活著

在童年被父親施暴的記憶中，母親一直是扮演近乎透明人的角色。

父親打我的時候，母親通常會在一旁勸阻。但父親的脾氣凶暴如虎，她除了用臺語喊著：「好了啦，不要再打了。」也不會有其他積極行動。通常在父親打得累了、丟下棍子之後，母親才會把已經癱軟的我從地板上拉起來，帶到床邊擦藥。

她一面用手指蘸起藥膏、抹在一條條泛著血絲的浮腫傷痕上，一面喃喃唸著：「怎麼又打成這樣……」然後勸告正在啜泣的我：「妳就不要應嘴應舌（臺語），免得討皮痛。」

由於母親是家中的大姐，從小看顧四個弟弟妹妹長大，遇事不出聲，抱怨也會壓抑在心中的個性，從幫我綁頭髮時可以窺見。

爲了整理方便，大人替我剪了馬桶蓋的髮型，上小學之後，同學的嘲笑開始令我坐立難安，我便嚷著要將頭髮留長。長頭髮整理費事，手拙的我需要媽媽幫忙紮馬尾，每一次媽媽替我梳頭的時候，即使一句話都不說，也能感受到排山倒海的不耐煩——她通常是猛力一扯，用力到整個腦袋瞬時被往後拉。

但她就是什麼話也沒說。

偶爾她會與我們聊起孩提時的往事，像是帶著弟弟妹妹撈浮萍餵火雞，卻被火雞啄得滿場跑。說起這些回憶時，她的雙眼難得閃耀著光芒，那些童年趣事像是閃亮亮的寶石，只是已經離她太遙遠。

「就是這樣，沒辦法啊。」

從母親與親戚口中斷斷續續得知，當初母親選擇嫁給父親，原本就是無人看好的決定，因爲外婆認爲父親的原生家庭複雜，擔心女兒嫁過去會吃苦。結婚前，母親在父親的工廠擔任會計一職，據母親說，父親會寫綿長的情書追求她，在信中傾訴自己對於家庭的渴望，承諾給另一半安穩的生活。他知道母親喜愛看小說，每隔一陣子就送她一本瓊瑤作品，而那些瓊瑤小說後來由我接收，成爲我中學時期藏在課本下反覆閱讀的心靈寄託。

書中盡是俊男美女間淒美的愛情，而我的父母卻向我示範了「牛衣對泣」這句成語的精髓：漢代的王章家貧，冬夜裡沒有被子可蓋，即使生重病，也只能裹在牛衣之中。貧病交困之間，王章自覺死期不遠，哭著向妻子訣別。

自從我有記憶以來，就是全家人待在夏日如火爐、冬季如冰窖的鐵皮屋裡生活，時不時要用水桶接住屋頂破洞所滴下的雨水。貧窮的居住環境、暴躁易怒的父親，以及總是抿緊嘴唇，不願多發一語的母親。

母親完全不與朋友往來。據說當時全家躲債跑路時，朋友們擔心她會上門借錢，紛紛閃避，後來母親便一個個斷了聯繫。就算逢年過節回娘家，她仍是一貫寡言，通常是外婆或阿姨開口問話，她才會應答。面對妹妹們抱怨姐夫的話語，母親通常也不會有太多情緒反應，只是淡漠、無奈地說：**「就是這樣，沒辦法啊。」**

過一個有滋有味的人生

對母親而言，她人生最大的失敗就是這場婚姻。不過，離婚從來都不是她人生的選項之一。

當初不聽父母勸告、執意下嫁另一半，最後卻用荒腔走板的劇情，回報不顧一切追求愛情的勇氣。但是，先生再落魄，她都認命地跟著吃苦。從工廠老闆娘到變成通緝犯家人，每天清晨三點起床磨豆漿的勞動，所有辛苦，她都一一吞下來了。家裡沒錢過年，她厚著臉皮回娘家借錢，再從娘家那裡帶回新鮮的海魚、大把的蔬菜，進廚房料理成好好的一頓飯，餵養三個小孩。

我知道在這種困窘的環境中生活，母親內心不可能快樂。但她太沉默寡言，也不會用大哭大鬧的方式來發洩情緒。

冷靜又冷淡，是母親慣常的模樣。而唯一能透露心情的，是她永遠鎖緊的眉心。

每當我從學校帶回繳費劃撥單，或是提起任何需要花錢的事情，她眉心的兩道深溝就會一緊，接著疲憊地用手指點著桌面：「單子放這裡，我再看。」

我就讀貴族女校的那幾年，是個被課業壓力、自我厭惡等各種複雜情緒夾擊的尷尬年紀，而家裡的經濟狀況一如往常，不曾改變。

在某個熱氣蒸騰的中午，母親在鐵皮屋後院炒菜，轟隆隆的抽風機運轉不停，我站在她身後準備要幫忙端盤子。突然，母親手握鍋鏟轉過頭來，面無表情地看著我，吐出一句突如其來的話語：**「我這輩子，不知道是在活什麼。」**

我嚇到瞪大了眼睛，而母親卻很快地轉過頭去，繼續翻炒鍋內的菜餚。不久，她關掉爐火，將鍋子裡的青菜放進盤中，轉身遞給我：「拿去。」

多年以後，我不只一次回想那天的情境，想著一個步入中年的女子，在自覺無望的人生中，究竟是用什麼樣的心情，向女兒平靜地說出那段悲傷的話？

母親在廚房說的那段話語，成為我始終掛在心頭的魔咒。

我想起母親說起少女時代種種，眼底閃爍的星芒，再想到母親平時辛苦勞動後，疲憊得靠在椅子上打盹的姿態。每一次面對人生的重大選擇時，我都戒慎恐懼，好害怕自己的人生一旦做錯了什麼決定，就會像母親一樣，一輩子都要忍受自己無法選擇的人生。

我要努力、留心，一步步逆轉我的出身，**要用一輩子的力氣，替自己爭一口氣，過一個有滋有味的人生。**

用一輩子的力氣，

替自己爭一口氣。

06 不要期待誰會真的懂你

初中時期，我就讀的天主教女校，是臺南知名的貴族中學。

我一直以爲，這樣的高級學校與我的人生無緣。我是個連美勞課都只能拿乙等或丙等的手拙笨人，國小六年級時，爸爸卻爲我報名這間女校的美術資優班考試。抱持去了也是當炮灰的心態，素描考試拿著炭筆胡亂抹一通，水彩考試也是用顏料塗滿整張畫紙就繳了卷，只有學科與智力測驗認眞地塡答。

放榜時，我的名字居然在錄取名單上頭。

錄取反而是煩惱的開始。這所女中是私立學校，學費是一般公立國中的十幾二十倍，以家裡的財力，哪有餘裕讓我就讀這麼貴的學校？

但父親不是這樣想的。

曾經考上第一志願高中，卻因爲種種原因沒能讀到畢業，一直是他放不下的遺憾。他總是念念叨叨地說，如果當年有人好好栽培他，以他的聰明才智，哪裡會落到現在這般田地呢？因此，想要從自己的孩子身上得到彌補，他向母親發下豪語：「就算賣血，我都要讓女兒讀資優班！」

這當然是痴人說夢的話，卻也展示了他的決心。後來幾年，逢年過節回母親娘家作客時，我耳朵裡總少不了這句風涼話：「妳爸賣血幫妳繳學費了嗎？」

還記得開學前，學校寄通知信，要新生在指定時間到學校禮堂丈量制服尺寸。我戰戰兢兢地走進校門，路過小花園、造型奇特如小瓷碟交錯的白色噴水池，走入人聲鼎沸的大禮堂。在布尺與木尺環繞著我、前後上下量了好幾輪數字之後，我拿到一張繳費單，看到上頭五位數的數字，我都傻了。

訂做的制服，居然要上萬元。

制服費用，還只是冰山一角。入學後，每年兩次的註冊費就要三萬多元，另外還有書籍費、雜費等等開銷，寒暑假另外加收課輔費，不能拒絕參加。誇下海口說要賣血的父親，從沒付諸行動，每當老師在班上分發繳費通知單，人在座位上的我，總是如坐針氈。想起回家將劃撥單拿給母親時又要看見的難看臉色，就好希望自己澈底消失在這個世界上。

從來沒有資格去想喜歡或不喜歡

私校辦學全靠自募財源，因此學生家長全是勸募的對象。學校時不時會分發捐款劃撥單，鼓勵家長捐錢協助學校蓋新大樓；每年舉辦園遊會，也會要求所有學生都得認購一疊上千元的園遊券，不能拒絕。

對家境小康到富裕的同學來說，這些費用就算煩心，也不至於到毀滅世界的程度，但對名符其實家徒四壁的我而言，每一次的勸募通知函，都像是在提醒我的難堪處境。

更難堪的，是來自擁有良好家境的同學們，**那些不帶惡意，卻一句句扎在我心口上的言語**。

寒暑假時，講究升學率的私立學校並不會放過這段空白的時間，頂多讓學生休息一週，就會請全體學生回校上輔導課程，唯一與平時不同的地方，就是大家可以在課輔期間穿便服上課。

我原本還以為自己討厭制服，那套看起來像日本女學生的水藍色背心百褶裙，根本是酷暑刑具，雙層衣料加在身上，讓我永遠都處於汗濕的狀態。但到了寒暑假課輔期間，我就會開始想念可以天天穿制服的日子，至少讓我看起來與大家沒有什麼不同。

班上雖然不是每位同學都是千金小姐，除了幾位家世特別顯赫的同學，大多數的人，家境都算小康，但遠遠勝過處在低收入戶邊緣的我。那時候的我不懂得打扮，成天穿著同一件寬鬆的黑色牛仔褲，配上白底印花 T 恤出門，T 恤還因爲反覆洗滌太多次，衣領鬆成不規則狀的荷葉邊。

某天上課前的打掃時間，當我拿著掃把經過走廊，一位同學笑咪咪地喊住我：「欸，陳珮甄，妳是不是很喜歡米老鼠啊？」

這句話問得我一頭霧水：「還好耶，怎麼了嗎？」

女同學笑一笑，指指我的 T 恤上的米老鼠圖案：「我看妳每天都穿米老鼠的衣服來學校，想說妳一定特別喜歡吧！」

女同學走開了，我卻還站在原地。她哪裡知道，**我從來沒有資格去想喜歡或不喜歡**，這些衣服都是母親從菜市場買來的盜版 T 恤，一件一百元，她買了好大一袋，讓我天天換著穿。

同學沒有惡意，但她友善的微笑與好奇，在我心裡刨出了一個小小的缺角。

我還記得，班上有個皮膚白皙、說話細聲細氣的同學，每天紮著馬尾來上課，搭配各種不同造型的黑色絲緞蝴蝶結。

有次和同學聊天時，說到髮飾，她稀鬆平常地回答：「哦，那都是我爸爸在日本幫我訂做的。他回臺灣的時候都會幫我帶一盒，好像要幾萬日圓吧，是純手工的。」

我也記得某位教授的女兒，曾經對著我趾高氣昂地說：「我爸爸說，我是白雪公主。所有不喜歡我的人，都只是嫉妒我比他們漂亮！」

爲什麼過了這麼多年以後，這些話語還會留在我的腦袋裡呢？

或許是因爲身爲貧窮人家的女兒，聽到這些彷彿來自另一個世界的言論時，一方面感到震驚，另一方面卻是滿腹心酸。明明我與她們也沒有多大不同呀，爲什麼她們就能理所當然地享受富庶的生活，而我卻要爲了下星期得繳四千多元的書籍費而愁苦呢？

我不曾做錯什麼事，卻不能獲得公平的對待，不能像她們一樣，只需要念書長大，其他都無需煩惱。

把自己的心照顧好，堅強面對眼前的難題

每個人來自於不同的家庭背景，對一些人而言稀鬆平常的事情，可能是另一群人視若珍寶、渴望卻不可得的幻想。現在的我，想起這些往事，已經不再有任何情緒，有時上節目分享，也是笑笑談起，像在說一段別人的故事。

不同的是，我一直記得當初受傷的刺痛感。

記得那種無法向任何人言說，因爲害怕被看輕，卻要強裝沒事的苦悶。也因爲記得這些挫折，我更知道，**不管在何種情況，都要做一個能體察別人感受的溫柔者**。就像小的時候，我也渴望有人理解我的難處，光是理解，就已然對我有巨大的意義。

現在的我長大了，不再抱持著錯誤的期待，**不會奢想有人像魔術師一樣，理解我沒能說出口的傷痛**。每個人有各自的成長課題，那些看似家境富裕的同學，也有他們不爲人知的苦處；即使他們說了，或許當時的我也沒有足夠的智慧，做到感同身受。

終究，每個人都在為各自的生命課題奮戰。

困住你的，可能是經濟壓力或者是親情匱乏，也或許是對未來的恐慌。不管現在讓你感到難受的事情是什麼，都要記住，那畢竟是自己的人生課題，不會有任何人比我們更了解自己的感受。

如果有誰，像是命中註定一樣地懂得你的喜怒哀樂；那麼恭喜你，你是幸運的；如果時常感到孤單、不被理解，其實你並不孤獨。因為我和許多在人生路上起伏掙扎的人，都跟你有一樣的感受。

不要期待被誰懂得，**把自己的心照顧好，堅強面對眼前的難題**，然後，讓生活一點一點好起來。

不管在何種情況，都要做一個
能體察別人感受的溫柔者。

07 自己的未來，自己鋪路

初三那年，在承受了三年高額學費的壓力後，我向父母表明，不願意直升高中部。

或許也是籌錢籌得累了，父母同意我的想法，在意願單「參加聯考，放棄直升資格」的選項上簽了名。當時班上成績達標的同學，幾乎都選擇了原校直升，班導師爲了說服我的父母，還特地做了一次家訪。

我看著身著端莊裙裝的老師，坐在我家麵攤的塑膠椅上，一面擦拭臉頰上的汗珠、一面聽父親振振有詞地描述對女兒未來的規畫，我的內心除了尷尬，再也裝不下其他的感想。

我的成績不算好，推算落點，應該能搆上第一志願尾巴，就算差一點，也還有第二志願。能夠在接下來的日子裡，只負擔公立學校的學費，對我來說已經是精神解放。雖然借錢籌款的人從來不是我，但長期看著爲了籌措學費而煩惱的父母臉色，總讓我覺得，自己是個罪人。

沒想到，我搞砸了。

成績單寄到家裡那天，我人在國小同學家玩。同學的家人告訴我父親來電，我奔下樓梯接電話，只聽到父親氣急敗壞的叫罵聲：「妳還不趕快回家！妳死定了，這種成績妳還想念哪裡？」

我狂踩腳踏車騎回家，拿起客廳桌上那張已經被拆閱的通知單，看見上頭的分數，心臟像是被車狠狠撞了一記，眼淚當場流了下來。

分數眞的很糟，離原本預期的落差太大。臺南市區內的兩間公立高中未必能選上，而第三志願的新營高中，離我家單趟車程要一個多小時；最糟的是，臺南升學率好的公立高中就只有前兩個志願，如果到第三志願報到，後頭的大學聯考要能考上國立大學，恐怕就沒了指望。

重返猶如集中營的升學私校

恐慌的不只是我，還有一直把我的升學視爲首要目標的父親。我念私立學校資優班，是他逢人便炫耀的事情，在他落魄的人生中，長女已經成爲他僅剩的驕傲。無法接受我去第三志願高中報到的父親，開始打電話跟朋友聯繫，問他們有沒有什麼管道，讓我就讀其他好一點的高中。

知道我考砸了，我的初中班導師，很快就打電話到我家裡來。導師說，學校同意保留我的高中部直升資格，只要到學校簽名報到，就可以當作一切都沒發生過。

但我實在很猶豫，因爲過去三年活在教會女校裡的我並不快樂。那些嚴格的言行規矩、校方時不時鼓勵學生捐款、資助學校的壓力，累積成時時刻刻想逃離的心情……我知道自己失敗了，也謝謝導師爲我爭取到入學資格，但我眞的不願意再回到那個令人窒息的環境裡。

這時父親告訴我，他聯絡上另一間以升學率高著稱的私立中學，要我隔天和他一起去找校長面談。

這間私立高中在南部赫赫有名，甚至連外縣市的父母們，都爭相將孩子送來越區就讀。每年大學聯考放榜，校門口就會貼上一連串紅紙，寫著考取醫學系的學生名字，家長會甚至年年買下報紙版面，慶賀學校的超高升學率。

我很害怕這種集中營似的升學私校，但別無選擇。

跟著父親搭了好長一段距離的客運，終於抵達這所位於臺南縣鄉間的升學名校。小小的校地、擁擠的校舍，空地上停了十數輛校車，都是爲了接送遠距就讀的學生。

我看著黃沙滾滾、毫無美感的校園，開始想念貴族女校精緻美麗得讓我喘不過氣的花圃。

與校長的面談十分短暫。父親滔滔不絕地誇讚我過去的語文競賽表現，與還算能看的在校成績，再扼腕地提到我因爲身體不適而落馬的聯考成績。

校長點點頭，在單子上簽了字，要我們到樓下的學務處辦理入學手續，我的聯考失利危機，就此解除。**只是我原先想脫離私校壓力的目標，終究失敗了**。

往後，一樣得面對高額的學費，而且這一次，是貨眞價實地爲家裡增添了麻煩。

在返程的興南客運座位上，我別過頭，假裝看窗外風景，心裡悄悄地流著眼淚，恨自己的不爭氣。

家長心目中的王牌導師

私立升學名校，果然是名不虛傳的監獄級環境。

一開學，每個學生都會拿到兩張課表。一張是給督學看的版本，另一張才是眞實的課表。

在眞實的課表裡，所有的音樂、美術、家政課程都被刪去，每天密集安排兩堂英文、兩堂數學等主科，一天要上九堂課。加上搭乘校車的車程，我每天都要清晨五點半起床梳洗，回到家時已是晚上七點多。

我的數理能力一向落後，但父親堅持讀理組才有前途，硬在入學資料上頭勾選了需要念物理化學的第二類組。聯考考壞的我無法替自己發聲，只能沉默地接受。

第一次段考結束後，父親終於意識到我無法在「有前途」這條路上發光發熱，因爲我的物理段考成績十二分、化學十八分、數學十五分，成爲自然組倒數前三名。

總算被允許轉到文組班的我，日子從此沒有比較好過。

非常不幸地，我被編入那年最凶殘的班導師麾下。這位導師威名顯赫，帶過的班級升學率都是頂尖，而他激勵學生的方式，是辱罵與毆打。

拋擲粉筆或板擦，都是小事，我曾經因爲考試粗心，被他用厚重的大英辭典砸頭。他對待女生體罰沒在客氣，處理男生更是當成牲畜看待，至今我還記得他將一位瘦小的男同學逼到角落，再狠狠抬起腳踹他肚子的畫面。

最過分的一次，是用整桶冷水，淋在一位正在打瞌睡的女同學頭上。看著教科書、文具全泡在水裡，那個女生當場尖叫。下課鐘響後，她身著濕透的制服，一面抖著肩膀哭著，一面用抹布想把課本擦乾。同學們圍繞在她身邊幫忙，難過極了。

二十幾年前，這樣殘酷虐待學生的老師，卻是校方的驕傲，也是升學的保證，更是家長們趨之若鶩的王牌導師。

在導師眼中，沒能上國立大學的都是垃圾，都該去死。他曾經在我的考卷上用紅筆寫下斗大的「幹」字，或許是爲了要刺激我發奮向上？

幸好，那年我的同窗們都好好地長大了。當年被水澆醒的女生，出身弱勢家庭，父親爲了躲債遠走他方，母親爲了不讓孩子中斷學業，白天在工廠當作業員，晚上還去幫傭。熬過地獄般的高中生活，這位同學報考軍校，成爲一名職業軍人，大幅減輕了家庭負擔，後來，她的手足也投入收入穩定的軍職，總算撐起一個家。

這麼多年以後，不知道當時施暴的老師，是否還記得他情緒暴怒的每一句唾罵與重拳？會不會對自己曾經摧殘過的學生，而感到抱歉？這樣的方式，讓他得到了想要的結果了嗎？

自己的未來，
自己爭取。

你的人生，屬於你自己

對學生來說，老師是一種權威至尊的存在。有時候只需一句話，就會改變學生的一生。

我們或許無法決定自己遇上什麼樣的師長或前輩，但即使是被錯誤的對待，依然有守護自己人生的權利。

任何人都可以用片面的資訊來否定或看輕你，但人生是自己的，決定該如何走，是自己的事情。感謝生命中每一位帶著善念而來的貴人，同時也要堅定拒絕那些心懷惡意、只想將負面情緒潑灑過來的人們。

看清楚身邊那些熙熙攘攘的人群，終究是別人。那麼多的聲音，比不上你爲自己做的決定。

你的人生，屬於你自己。

看好也行、看壞也罷。讓我們把注意力放回自己身上，專注於自己的目標：我如何活出想要的人生？即使在最多人對你搖頭的時刻，你都不該輕易被否定，以爲從此再也不能愛自己。

誰都可以傷害你，但只有你自己可以堅強起來、守護自己。

自己的未來，自己爭取，千萬不要讓任何人，奪走僅此一次的人生。

讓我們把注意力

放回自己身上。

─大姐的人生相談室①─

問：請問大姐，擺脫原生家庭的困境，是件有可能發生的事情嗎？我常常覺得很絕望，沒有好的家庭，甚至在成長過程中留下很多負面陰影。覺得我的人生就是這樣了，看不到未來的希望……

答：我完全能夠理解你的感受。因為在國高中，甚至大學時期，我都背負著這樣的恐懼心情，拚了命地想要讓自己離地獄遠一點。所謂的地獄，就是我原生家庭的模樣，是因為貧窮而處處受限的憋屈、是明明可以努力，卻給自己千萬個藉口，不願意突破現狀的自我設限。

比起其他一出生就有父母幫襯的孩子，我們確實是不幸的一群。從高中開始，我就得背上助學貸款，即使靠著寫言情小說賺取十來萬的費用，卻從來不能過問這些錢到底去了哪裡？有沒有用在值得的地方？

當我越看著我的原生家庭，就越不安。

唯一能讓我鼓起勇氣的，只有自己。

我不能改變的是別人的想法，也無法激勵我的父母振作，但我可以努力，即使在這麼糟糕的處境裡，都還是能靠一己之力，盡可能扭轉劣勢。

我的努力動機，其實是很負面的；如果重新來過，我希望能用更陽光一點的態度激勵自己，畢竟那些恐懼的情緒是毒，在日後生活中，侵蝕了我的精神狀態與健康，讓我花了好多力氣，才慢慢平復回來。

你問我，擺脫原生家庭的困境，是有可能發生的事情嗎？

我用我的例子告訴你，是真的可以喲！

努力了這麼多年的我，或許沒有成為大老闆，卻已經是不受財務壓力限制的人。我可以選擇想要吃的食物、想要住的房子，不必妥協於困窘的收入。這一路上，我並不順利，走著走著還跌了很多跤。但幸好我從來沒有放棄、堅持到現在，我滿喜歡此刻可以自由自在的生活，做自己喜歡的工作、以我舒服的步調過活。

如果害怕，請不要往後看。也不要去看那些令你恐慌的過去。**往前看吧，**

看看你有機會到達的遠方。然後一步一步前行，一段時間過後會發現，你已經走在令自己越來越安心的路上。

問：大姐好，我已經看心理諮商師很多年，但一直沒有辦法眞正解決我對媽媽的心結。媽媽雖然把我養大，但過程中對我造成很多精神上的壓迫，例如嫌我長得不好看、書念不好，甚至還會跟鄰居說：「生到這款的很煩心。」而剛好我在那個時間點走進家門……請問我該怎麼樣跟媽媽相處？討厭媽媽的自己，好像很不孝。

答：親愛的，請千萬不要責怪自己不孝。每個人在成長過程中，都有不同的遭遇，沒有人與妳遭受一樣的對待，即使是同一家的手足，都有個別的差異。又有誰能真正理解誰的立場、有資格去批評誰呢？

或許會有人說：「妳媽媽只是刀子口豆腐心，她明明很愛妳，只是不會講話而已。」或是責怪妳：「媽媽都把妳養大了，妳就不能包容她一點嗎？」這些譴責，或許妳與我都不陌生。每一回當我聊起我的原生家庭，就會有不少人到粉專上留言，說我應該停止談論過去，說我不該再記恨。

但誠實面對自己經歷過的一切，怎麼會是恨不恨的事情呢？

讓我們開始停止呼應外界，把精力留在自己的課題上。不要忙著為自己貼標籤，坦然面對「不喜歡與媽媽相處」的這個事實，這是一個很棒的開始。沒有人規定我們必須要喜歡自己的家人，家人或許有互相扶持照顧的義務，卻未必是心性相近、能說得上話的對象。如果家人不巧與我們有迥異的價值觀，又為什麼要勉強自己去迎合？

我自己的做法是，**盡該盡的義務、禮貌地對待，但不把與家人相處當成是一件必要的事情**。我們保持著恰好的距離，不是冷淡也從不熱絡，這是多年以來形塑而成的默契，我的父母已經習慣不去跨越那條線，不因為愛或恨，而是某種程度上，他們被我教會了「尊重」二字。

當我的父母需要我，我就會出現，但不過度允諾可能會壓垮我的事情。

我先做到自知，然後畫一條清楚明確的線，微笑地告訴線那頭的每一個人：「這是我能做到的程度。不是不孝、不是沒心，而是我真的只能做到這樣而已，請你們理解。」

我不能，也沒有必要取悅任何人。但因著自知，所以可以保護好自己，也維持剛好的平衡，與所有人互動。

PART 2

成爲大人的路上

寫給二十歲的自己：

「每個大人都在試著告訴妳，什麼叫做『對的事情』——好好念書，很對；努力考上好學校，很對；大學選熱門科系就讀，很對；畢業之後找個好工作、準備成家立業，這才是正確的人生道途……

這些年紀比妳大的人，用一種老馬識途的口氣，對妳進行諄諄教誨：『聽我的啦，照我的意思做，妳以後一定不會後悔。』

是嗎？

我想要的以後，你又懂嗎？

如果我自己都還在反覆思考，你又如何能大言不慚地告訴我未來的方向呢？

其實，沒有人能告訴妳，什麼叫做長大以後的標準答案，甚至這個世界上，根本就沒有『標準答案』存在。

考試卷上，每個題目總有明確的解答；人生道路裡，卻開滿成千上百種不

同的花，

每一種美麗，都有各自的姿態。

不要害怕，妳只管好好長大。

熱情地、睜大眼睛地，就算疼痛也不要退卻地去嘗試吧！

因為青春只有一次、人生也只有這麼一次。好好地汲取知識、培養力量，選擇自己的命運。

然後，成為自己喜歡的，那種大人。」

01 我的價值，不是你說了算

進入監牢般的升學高中體制，學生個人價值完全被抹滅。我們活著被賦予的目的，只有考大學這件事，而分數，是我們能獲得尊嚴的唯一可能。

對我來說，從這個爛局中解脫的僅有希望，也只有趕緊離開高中，走上大學這條路，而且，必須是國立的。因爲家裡太窮，若是又念了四年的私立大學，不知道學費要如何籌出來。

但學業成績不好這件事，已是我無法扭轉的宿命。總覺得自己有幾分小聰明，但在背誦課文或理解數學公式等方面，卻又顯得像個低能兒。我能洋洋灑灑寫出一篇作文，卻無法將古文熟記在腦袋、默寫出來。文組的數學課程相對簡單，對我來說卻是天界等級的外星知識——sin θ、cos θ、tan θ 等三角函數，我至今依舊有看沒有懂，每次考試分數不曾超過三十分。

讀書我不行，但寫言情小說我可以！

我恨死高中生活。別人的青春記憶裡有羞澀的愛戀、浪漫的約會，我的高中只有不及格的考卷、體罰以及寫不完的參考書題目。

我判定自己無法克服這些難關，倒不是畏難氣短，而是相信每個人有各種不同的專長，而我偏偏不是擅長考試的那一種人。在當年的教育體制下，成績不好但想要讀國立大學，會是個天方夜譚，然而，教育部剛推行不久的「推薦甄試」，讓我看見一絲被國立大學錄取的希望。

每個大學科系設定不同的錄取標準，除了在校成績與學測級分之外，也要求學生提供各種備審資料、進行面試，也就是說，這樣的選拔，不會只針對會考試的孩子。

看了前幾屆的各科系招生說明，發現在校成績仍然是第一關的篩選標準。掂量著自己太差的數學成績，以及其他不怎麼好看的科目分數，這條路實在是窒礙難行。

但我沒有其他選擇。一心只想離開這個我痛恨的升學監獄，必須想盡任何辦法，讓自己考上大學。

爲了提高考試分數，我熬夜念書。晚上十一點半先睡一會兒，再將鬧鐘調整到四點，掙扎著起床後，將今天要考的歷史、地理科目盡可能背熟，但成效實在很差，每一次考卷上的分數，都讓我體會到無能爲力的挫敗心情。

讀書方面，我只能盡人事聽天命，但備審資料就不同了，我火力全開，認眞準備。

從小到大，爲了拿獎品而拚命參加比賽對我來說是極爲自然的事情，現在爲了推甄，更要積極累積戰績。除了比賽與社團活動，我開始進行一件尋常高中生難以達成的奇事：**出版言情小說**。

那幾年，臺灣的大街小巷到處都有租書店。日本漫畫、臺灣言情小說市場熱烈，幾乎每個女生都會在閒暇時，端著一本封面有手繪美少女的言情小說。喜歡看書的我，自然不會錯過漫畫或言情小說，然後，我注意到小說的最末頁，總有徵稿啓事，鼓勵「下一個作者就是妳！」

既能賺錢，又能累積特別的課外活動資歷，對我來說是最完美的一石二鳥之計。於是我從文具店買來整疊厚厚的稿紙，用原子筆搭配修正液，開始了爬格子的生涯。

我最常在上課時，用課本掩護幾頁稿紙，唰唰唰地寫起來；下課時，用手指掂掂累積完成的稿紙張數，計算離投稿門檻還需要多少字數。完成之後，慎重地在牛皮紙袋上用奇異筆寫下出版社的地址，趁著週六上午到郵局寄出。

幸運的是，我第一次投稿就被出版社錄用。雖然後來被修稿修得體無完膚，但當自己的小說成書後寄送到家，連同學在便利商店都能看到我的作品時，**那種激動又驕傲的心情，是我慘澹的高中生涯裡，最大的支撐與安慰**。

寫言情小說太好賺，一本內含漫畫插圖的輕小說，出版社支付我三萬元的買斷稿費；近十萬字的正規言情小說，出版社給我五萬元的稿酬；按字計酬的的短篇小說，也有每字一．二元的行情。既然再怎麼熬夜念書，也考不到跟其他同學一樣好的成績，我索性將所有精力放在課外活動的衝刺上、開始振筆疾書，不再對成績抱有期待。

非常恐懼，但也非常用力地面試

到了高中三年級，學校按照在校成績，讓學生依序選擇推甄報考的科系。原本想讀國立大學商學院的我，因爲在校成績排名太後端，嚮往的學校全被塡光光，最後選了自覺還有點機會一搏的中山大學外文系。

那年我考運不錯，學測分數國文、英文與歷史地理都達到頂標。即使數理科目分數低到令人發笑，總分仍然尚可入目。然而，中山外文的甄試雖然順利通過初選，我卻在英文面試時，緊張到連教授問什麼題目都沒弄懂，結結巴巴地終結了我的外文系入學之路。

落榜消息傳回學校，我沮喪得垮下肩膀，一整天呆在座位上，渾渾噩噩，任何上課內容都聽不進耳裡，滿腦子淨是對未來的恐慌。

午後的英文課，班導師挾著教科書走進教室，將書本「啪」地一聲丟在講臺上，對著我用極盡嘲諷的語氣說：「落榜了吧？沒學校可以讀了啦！妳去死一死好了！」到底是什麼樣的老師，會講出「叫學生去死」這種充滿惡意的話？我在座位上捏緊了拳頭，除了哭、除了恨，我對這該死的世界無能爲力。

幸好，那幾年教育部開始推行申請入學方案，任何學生都可以不受在校成績限制、自由報考。報名推薦甄試的同時，我爲求安全，連同入學申請也一起進行。

大費周章地用電腦排版、製作雙面彩印的精裝備審資料，將我歷年來競賽及出版的戰績羅列出來，再搭配一份經濟弱勢學生努力想逆轉命運的眞情告白自傳，透過申請入學方式，申請到了中山大學企業管理學系的入學資格，雖然比進行推甄的流程慢了一些，但也成爲我就讀國立大學的最後一絲希望。

申請入學考試需要考生們到學校參加一場各科系自行安排考題的筆試。記得當時的內容五花八門，有中英文測驗、有時事論述，也有邏輯智力題。

筆試後會進行一場口試。企管系和外文系就不一樣了，英文自我介紹後，都是中文問答。這是我最後能把握的機會，我卯足全力展現最好的自己，畢竟在英文口試中，面對全英文應答時，像我這樣沒有留學或遊學背景的人，很難不因爲緊張而失常。

我非常恐懼，但也特別用力。

別人的生命經驗，未必成為你的體會

還記得在四月一日愚人節那天的下課休息時間，教務處突然廣播找我。我滿頭問號地走到教務處，向端坐在辦公桌前的教務主任報告班級、姓名，主任聽完後，給我一個大大的燦笑：「陳同學，恭喜妳錄取啦！剛剛中山大學企管系打電話來通知**妳考上了**。」

這個時間點太敏感，我愣在原地幾秒，才怯怯地發問：「主任，那個，你沒有騙我吧？今天是四月一號，你不是在開玩笑吧？」

「沒有沒有，這種事情哪能開玩笑！」主任笑開了，對我擺擺手。「恭喜妳成為準大學生了，先回教室把個人物品收拾好，到圖書館裡待著，不要影響其他還要考聯考的同學心情。」

從教務處一路奔跑回教室的路上，我開心到無法自抑——**終於結束了！我的升學苦難終於結束了**！再也不用讀這些一輩子都用不上的幾何數線或函數，也不用看老師們的臉色！兩階併作一階地衝上樓，踏進教室的那一霎那，我向拿著粉筆準備寫黑板的班導師大聲喊著：「報告老師！剛剛教務處通知我錄取了，國立中山大學企管系！」

在同學們沉默但豔羨的注視中，我大搖大擺地回到座位上，將桌上所有東西掃入書包，再從班導師面前，一步一步地走出教室。與導師錯身而過的那一瞬間，我對他微笑：「謝謝老師！」

感謝他，讓我在年紀還輕的時候，就懂得惡意的存在，知道這世界上，有太多人看衰自己。可是，**即使被看衰、被嘲笑，也要定住心，冷靜面對所有困難，捍衛自己的人生**。

你也有被看輕的時刻嗎？當別人對你的夢想嗤之以鼻，當他用比你資深、比你懂的姿態，對你還青澀的夢想指指點點，說你不可能做得到，那個當下，你一定很受挫吧？

但請千萬不要忘記，**別人的生命經驗，未必成為你的體會**。你是獨立的個體，將會有迥異的人生風景，或許實踐夢想的路上，會跌跌撞撞，弄出一身傷口，也或許會自我懷疑、失去信心，但請記得，這一切都只是過程，只要你願意堅定。

我們的價值，不是別人說了算，自己的人生價值，只能由自己決定。

冷靜面對所有困難，
捍衛自己的人生。

02 請記得將自己放在人生裡的第一順位

進入大學，不用再一早被關進教室，按照學校要求上滿所有課程。第一次，學生可以選擇自己要念的科目，甚至連要不要蹺課都可以自己決定（會不會被當掉的風險要自己承擔就是了）。

我很喜歡這種自由的方式，但太過貪心的我，在大學時期就替自己的身體埋下病痛的種籽。

我不認命，也不願向命運低頭

上了大學後，爲了賺錢，我每天打三份工。

首先是管理學院的助理兼職。那時在校內ＢＢＳ上看到院辦的徵人啓事，便興奮地去應徵了。工作內容包山包海，包括替管院職員跑腿，或是到活動現場打雜支援。我認真肯做的態度頗受老師嘉許，於是老師開始請我幫ＥＭＢＡ學長姐活動做現場紀錄與人物專訪，寫成文章，刊登在管院電子報上。這是一份薪資不高，但對日後求職或申請研究所都會有幫助的工讀，我一做便做到畢業。

再來是英文家教。早就聽聞大學生可以靠家教賺取高額鐘點費，我躍躍欲試，一直緊盯ＢＢＳ家教版，只要有徵求貼文，就火速點進去看，生怕搶輸別人。經歷一兩次不成功的媒合，終於找到理想的家教機會。每小時五百元，每週四到六小時，逢段考前機動加課。每週結束家教時，學生的媽媽總會坐在一樓的銀樓櫃檯，從抽屜裡拿出幾張千元鈔票，放到信封袋裡，笑盈盈地雙手遞給我：「陳老師，辛苦了。」

我非常、非常感激這份家教工作，它一路支撐我從大一到研究所畢業前的生計。學生從國一到高三畢業，一起坐在書桌前進行英文閱讀練習（或是偷看漫畫），有幾次下課後，我還會與家教學生一起到附近的夜市買雞排當宵夜。

當年的孩子，現在已經是個腦袋靈光的精算師，只可惜英文實在不好（唉，是我的錯）。

在管理學院當小幫手，以及每週時數不算少的英文家教，這些收入仍然不能使我滿足。每天晚上，我都熬夜寫稿，繼續言情小說的寫作之路。

大家知道在天亮之前，會先聽見小鳥的啁啾聲嗎？每個趕稿的夜裡，我總是專注地面對電腦，一個字一個字地敲擊鍵盤，直到耳邊傳來鳥叫聲，轉頭望向窗外，才會發現厚重的夜幕已經開始透出稀薄的光——凌晨快五點時，天就要亮了。

那時的我並不懂，壓縮睡眠時間，其實是預支自己的壽命。

我一直篤信一個觀念：出身不好的人，要比別人更努力，才有可能逆轉人生。「笨鳥先飛」「龜兔賽跑」之類的價值觀，日夜鞭策著我。當我發懶時，內心就會有一個聲音嚴厲地指責我：「妳在浪費生命！在辜負每一個可能的機會！當妳少睡一小時，就能比別人多出一個小時的努力時間。妳不會想像父母一樣，過著只能忍耐的卑微生活吧？」

我的努力動機，與其說是追求更美好的未來，不如說是被恐慌感日夜追趕的結果。我害怕人生有一日落入無法重來的悲劇裡，就像母親，總是用一張木然的表情，看著我：「沒辦法啊。」

我憎惡**「沒辦法」**這三個字。我一定要找到方法，我不要認命，向命運低頭。

我一方面害怕成爲父母那樣，只能在貧窮中安慰自己「這就是命」的人，一方面渴望成爲他們命中的福星，爲他們解厄擋災，分擔他們的愁苦。即使父親曾經對我暴力相向，即使我可以清楚感覺到母親重男輕女的情感，每當我將錢交到他們手上時，他們眼睛霎地明亮起來的歡欣，讓我感覺，所有的勞苦都値得了。

將自己工作賺來的錢給父母，讓我爲自己感到驕傲

能讓父母開心起來，我很驕傲。

高中時，我寫的言情小說第一次被採用。簽約後，出版社寄來掛號，裡頭是一張數萬元的支票。我捧著支票，自我價値感塞滿胸口，覺得自己是一個極度厲害的人——當同儕還在念書，我居然已經是個能夠賺錢的人了！

母親帶我到家附近的銀行開戶，將那張支票軋了進去。我豪氣干雲地將存摺與提款卡都交給媽媽：「媽，錢都讓妳管！有需要用妳就去領，不要客氣。」

收入對我來說，不是最重要的激勵因子，畢竟那些稿費我統統存進戶頭裡面，不曾用來支應自己的任何奢侈念頭。但每當簽完約，郵差在家門口大喊：「陳珮

甄掛號！」的時刻，拿著印章，興奮地衝出門領支票的我，感覺自己被這個世界肯定了。

我是一個有價值的人。我的努力成果，值得臺北的出版社，付錢來買。

高二上學期，愛聽音樂的我，想給自己買一套CD音響。記得要一萬多元吧，當我看好型號，向母親索取提款卡時，她瞬間變臉，狂怒地瞪大眼睛，質問我：「沒事爲什麼要買那種東西？」我說：「我想聽音樂啊，而且帳戶裡的錢一定夠吧？」她沒有回話，只是惡狠狠地將提款卡甩到我面前。

我摸不著頭緒地帶著提款卡，騎腳踏車到銀行門口的ATM領錢。當我輸入密碼想提款時，發現一張鈔票都領不出來——存款餘額爲零。

原來母親不知從何時開始，一點一點地領光我戶頭裡的十萬多元。

即使如此，每當我放學，看到生意慘澹的麵攤，看到坐在餐檯後頭的母親，我的心還是糾結地疼痛著。上了大學，每回搭火車回臺南，總會隨口問一句：「生意好嗎？錢夠不夠用？」

「很差啊，最近一天都做不到一千塊……」我總是不等母親把話說完，就翻出錢包，將裡頭的千元大鈔都掏出來，塞到她手裡。

母親到底有沒有跟我說過謝謝，我其實不記得了，但那時的我，深深爲自己的行爲感到驕傲。小時候爸爸媽媽養我們，現在，我已經開始報答恩惠了，我已經比父母更有能力了呢！

第一次，我感受到身體不受控制

老是太過忘情，將鈔票都交給媽媽的結果，就是某一次我掏錢掏得太豪邁，忘了爲自己留下一張大鈔。回到高雄才發現支付火車票錢之後，身上只剩下二十三元，但距離領下次家教費的日子，還有五天。

向室友借錢太尷尬，無論如何我都說不出口。正好電機系的同學從中部回來，送我一大盒大甲奶油酥餅當作禮物。就這樣，連續五天，我餐餐用這盒奶油酥餅裹腹。自此害怕的食物除了紅白小湯圓，又多了一項奶油酥餅。

即使是身上有錢的時候，我也不捨得對自己好。當時我最常吃飯的地方，是學校宿舍附設的學生自助餐餐廳，一小碗白飯、一撮炒高麗菜，得小心控制好分量，如果太想吃肉，就夾一小塊香腸。食堂的阿姨人很好，看我這寒酸的吃法，總客客氣氣地只收我十七、八元。有一次系上學長正好也在，還嘖嘖稱奇地靠過來：「欸，學妹，十八塊到底是怎麼夾的？妳一餐就吃這樣喔？」

一餐就吃這樣的結果，是營養不均衡。我虛胖，沒有攝取足量的蛋白質，只靠澱粉填滿肚子，再加上長期熬夜睡眠不足，大三那年，終於病倒。

有天早上，當我剛起床、恍恍惚惚走向洗手檯要刷牙的時候，卻發現自己無論如何，都沒辦法將牙刷塞進嘴裡。我試了又試，明明自覺已經張大嘴巴，牙刷卻只是反覆地壓在嘴唇上。等到我清醒過來，張大眼睛看著鏡中的自己：**我的嘴巴根本沒有打開**，只勉強掀開了一條細微的縫。任憑我再怎麼用力，張不開的嘴巴，像堅持不開的蚌殼，闔得緊緊地。

我當場嚇傻了，站在原地反應不過來。第一次，我感受到身體不受自己控制的恐慌感。

我將自己活成了一個貨眞價實的女鬼……

這是個很怪異的症狀。當下我先去了趟校內的診所，校醫也說不出個所以然，建議我盡快到高雄醫學院掛號，請大醫院分科詳盡的系統找到病因。我立刻騎著機車衝向醫院，向醫生說明病徵時，還忍不住掉了眼淚。

我太害怕了，不知道自己發生了什麼事。

拍了X光片、做了一系列診斷後，醫生研判，這應該是顳顎關節炎。是很少見的疾病，病因目前仍不清楚，推測與壓力或睡覺磨牙的習慣有關。

我帶了一整包花花綠綠的藥丸回家，心情依舊驚惶，沒想到一直理所當然爲我使用的身體，竟會突然發生這樣的狀況。

除了顳顎關節炎，其他的身體狀況，也陸續來向我討債。

我開始嚴重失眠，每到晚上，一點細微的聲音都會讓我突然驚醒。我買了耳塞、眼罩，卻仍然能聽見室友敲打鍵盤或掀開櫥櫃的聲響。整夜無眠之後的早晨，腦袋混亂、脾氣暴躁。更糟糕的是，每天近中午時，我就會開始心悸、冒冷汗，無法在有陽光的地方好好走路，要到暑氣略退的午後才可以慢慢恢復正常呼吸，活像是民俗說法中的卡到陰。

接下來，我開始無法進食。想要吞嚥食物的動機完全喪失，連流質食物也不願意入口，再加上每天晚上失眠造成的精神耗弱，將自己活成了一個貨眞價實的女鬼。

「妳得立刻搬出宿舍。如果再不能好好睡覺，免疫力持續低下，妳不可能好起來的。」高雄醫學院的醫師每週幫我換一種藥物，測試我的身體反應，同時殷殷勸告我要趕快替生病的身體，提供能夠恢復健康的環境。

拎著藥包離開醫院，外頭陽光燦燦，但我卻手腳冰冷、呼吸短促，因爲不可知的未來而淚流滿面。我決定開始找尋新住處，從聲響太多的宿舍裡搬出去養病。

不優先顧念自己，恐怕也不會有人爲我著想

要乾淨、採光好、出入單純，還不能太貴。看了好多地方後，終於找到一個光線明亮的新套房，房東太太說房屋剛重新裝潢好，如果我今天簽約，就會是這個房間第一個住客，租金是三千元。

那時的我，雖然打工收入豐厚，但都沒留給自己。父親在那時一直聲稱他「大船要入港」，正在與某位來頭顯赫的友人籌謀一檔大生意，說我需要幫忙家計這件事很快就會結束，一旦生意敲定，我們家就會立刻變成有錢人，甚至有錢到得

考慮移民，以免被人注意到一夕暴富這件事。

我盤算了手上的現金，租到年底應當是沒問題，但考慮到養病會使收入減少，若能請父親支應這筆費用是再好不過了，於是我撥了通電話給他：「爸，我生病了，醫生叫我搬出宿舍，會對我的身體比較好。我找到一間不錯的房子，一個月三千，但是我手上沒什麼錢，你說農曆年後大錢就會進來，到時候可以請你幫我付房租嗎？」

父親在電話那頭沉默一陣子後，才出聲：「妳不要搬，這樣我壓力很大。」

在房東太太的注視下，我匆匆掛掉電話，然後鎮定地告訴她：「我盡快給您答覆。」確認對方走遠之後，我走到房子後方的水溝旁，蹲下來痛哭。

我哭了好久好久，哭到頭暈，快要喘不過氣來，悲傷還是一直從內心深處的某個角落，不斷湧出。不過後來，我還是搬進了這間三千元的小套房。

透過安靜的睡眠，修復自己殘破的身心，嘴巴能夠打開的寬度，也從兩公分慢慢進步到三公分，進食的能力也逐漸恢復。

從宿舍搬出來這件事情，是我人生的轉捩點。在生病之前，我毫無保留地將自己的力量貢獻給家人，一直是我的驕傲，也是我的使命。但在生病之後，我發現，如果**不優先顧念自己，恐怕也不會有人為我著想**。

我的父親是自私的。他沉溺在自己的困境裡，一心想挽回失去的金錢與地位，忘記他身爲爸爸，必須要有爲孩子擋風遮雨的覺悟。

自己的夢想雖然珍貴，但成爲人母之後，念想著的，卻已經不會只是自己。**父母不該為孩子犧牲夢想，孩子也不該成為父母追求自我的祭品**。這不是源自妥協，而是因爲愛。

因爲愛，知道自己不能只爲自己考量，如果能夠幸福，希望是連同孩子們、全家人一起得到。也因爲必須要照拂更多人，爲了那個還幼小的孩子，爲母者，都要學習成爲更強大的存在。爲了孩子，也爲了自己，要方方面面地周全、要能自我實踐，還要能讓孩子好好長大。

這當然並不容易，卻是我爲人母親後，最深刻、最放在心上的課題。

因為愛，
知道自己不能只為自己考量。

這不是自私，而是自知

長大之後，我寫了一封長信給父親。我告訴他，如果他為了扶養孩子，去夜市擺攤賣烤香腸、去工地當粗工，我都會加倍地尊敬他、愛他。我不需要一個聰明光采的父親，而是一個在乎我、願意為了我拚盡全力的爸爸。

這當然是一封不會收到回覆的信。時間久了，我也漸漸與忿忿不平的自己和解，不再浪費時間在委屈情緒上打轉。

世事險惡，我們不能預期碰上的人，都是有智慧、懂得善待他人的人，不管是父母、手足、職場同事，皆是如此，但這不是要你將所有人都當成壞人來提防，相反地，我情願用「理解」的角度，去看待他們的苦衷。

我那坐困陋屋的父親，每天夢想翻身致富，從來沒有留神去理解他已經過度努力的女兒；我的母親，深陷人生失敗選擇的後作用力，早已沒有餘力，好好給予女兒鼓勵或支持。

他們都不是壞人，只是被自己人生打敗的人。

但理解，不等於認同。正因爲理解，所以我們更要照顧好自己，不該爲了誰的課題，委屈了自己的健康、夢想以及人生。

所以從那天開始，我不再燃燒自己，還以自己的犧牲爲榮。

我懂得**凡事都該先為自己留著餘地，而不是將自己燃燒殆盡**，爲的只是去滿足誰的期望。

讓自己健健康康地生活、讓自己有機會去實現自己想要的未來，這不是自私，而是自知。

正因為理解，

所以我們更要照顧好自己。

03 不要灰心，總會有人愛著你

大學畢業之後，我沒有考上研究所。爲了準備下次考試，留在高雄靠家教維生，工作之餘，就泡在圖書館裡，努力補強我最弱的學科。抱持著「人生最後一次爲了升學讀書」的覺悟，終於在隔年以備取第二名的成績，僥倖錄取中山人力資源管理研究所。

選擇人力資源科系，除了因爲我對人的行爲抱持高度興趣之外，中山人管所最著名的便是畢業條件：所有學生在參與論文口試前，必須參與至少一學期的交換學生學程。對於一直很想出國留學，卻又受限於現實困境的我來說，這是一個可以實現長久以來的夢想的機會。

入學前，我便興奮地爬梳了各種相關資料，注意到中山人管所的學長姐在獲得某個國際社團的獎學金後，直接在國外讀完另一個碩士，才回臺灣完成中山人管的學程。這筆獎學金足足有新臺幣一百萬元之多！

當找到這個資訊時，我的眼睛都亮了起來。一入學就趕緊找碩二的學長姐打聽獲得獎學金的方式。他們告訴我，申請信必須由該社團會員具名推薦，不同分會有不同的名額，每位會員只能舉薦一人。學長姐同時也隱晦地告訴我：「這個獎學金表面上開放大家申請，但其實『水很深』。多數得主都是名門子弟，由父母親的顯貴朋友推薦申請，爲財力雄厚的家庭錦上添花。」

但我哪裡顧得上這些呢？我看見的，是一個機會。是一扇我原本不敢奢望、可能爲我敞開的大門。

努力並不是成功的保證

申請交換學生，首要便是托福考試的成績。我當然沒錢補習，只能買幾本參考書死活啃下去，怕自己程度不足，還在網路上跟人湊團買了幾堂作文課程，抓緊不多的機會，將寫好的英文作文帶給老師批改。

托福考試的費用要上千元，所以我沒有重考的餘地，必須一次成功。就這樣，焦慮又期待地迎來考試的到來，結果拿到非常高的分數。當年申請交換學程的學生中，我的托福成績是全校第一名。

憑藉這樣的托福分數，申請獎學金總有些希望了吧？我戰戰兢兢完成審查資料，拜託系上的老教授做爲推薦人，幫我遞件。等候的日子過得極煎熬，我的手機不曾響起，在網路上也查不到相關資訊。就在某日下午，我按捺不住內心的焦躁，撥電話到社團分社，詢問獎學金的審核進度，結果卻得到我意想不到的回覆：

「大使獎學金？那個我們**早就決定得主了**啊！」

「怎麼會！」電話這頭的我驚呼。距離繳交資料到撥電話這日，不過才兩週左右的時間……

「可是你們沒有通知要面試啊？怎麼會已經決定得主了呢？」

「是妳沒有打電話來問，我們已經面試過了。」對方說完，不耐煩地掛掉電話。

我呆立在文管長廊上好久好久，無法動彈。

不敢相信自己挖空心思、竭力爭取的獎學金，居然就這樣變成泡影。實在無法接受這荒謬的結果，於是跑到老教授的研究室門口守著。不知站了多久，教授終於回來了，我在他用鑰匙開門的同時，急切陳述社團分社說獎學金早已決定得主這件事。

沒想到，教授只是轉過頭來，拍拍我的肩膀，笑著說：「唉呀，太可惜了。」

接著就走進研究室裡，帶上門，徒留站在門口的我。

我朝思暮想、唯一能讓我出國念書的希望，就此破滅。

太想要、太用力，是我的生命課題。因爲厭惡自己的原生環境，因而想盡辦法，期望讓自己手上的所有爛牌，一張一張換成有利的籌碼。但是，人生哪裡能盡如人意呢？**努力是逆轉人生的必要付出，卻不是成功的保證**。不努力，不會有機會，但即便你已經很努力了，還是有可能失敗。這件事情，卻是我一直沒能適應好的現實。

出國念書的夢想破碎，下一個能讓自己翻身的機會，就是就業了。

那條金鍊子，提醒自己是一個被愛的孩子

我的研究所同學們，對於一學期的交換學生體驗，無不興奮地引頸期盼，尤

其是那些選填歐洲大學的人，約好在課程修完之後，一起遊歷歐洲大陸。沒有玩耍餘裕的我，選了位於美國華盛頓 DC 特區的 George Mason University。說來慚愧，我對這個學校一無所知，會選擇它的理由，不過是因爲若要負債出國，還不如到英文系國家，爲將來去外商求職做準備。

研究所剛入學，我頹喪了好一陣子，一直到準備機票、住宿時，才逼著自己振作起來。美國的物價很高，我與另一位也要去交換的女同學分攤雅房的租金就要三萬多臺幣，當我盤點帳戶，發現裡頭所剩無幾時，母親聯絡了我，說外婆聽說我要出國交換，便賣掉一些股票，湊了二十萬臺幣，讓我可以安心去讀書。

如果說我的成長之路是滿布荊棘的歷程，那些支撐我、讓我即使跌到鮮血淋漓還有勇氣走下去的力量，就是在我快要失去希望時，朝我伸出的雙手。

外婆與另一位終生未嫁的阿姨，是扶持我長大的貴人。外婆不識字，嗓門大、脾氣又火爆，每次看到我都會喊「書呆子」。在我讀國小的時候，她每天爲我準備便當，再請外公送到學校給我。外婆是老臺南人，最愛到水仙宮揀選新鮮的海魚，回家用油鍋煎得酥酥地給孫子們吃。逢年過節，堅持自製做法繁複的滷麵，給回娘家的兒孫們享用。

記憶中，外婆不曾誇過我一句，但她對我的愛，直接也迂迴。從不講好聽話，卻總記得要去市場買魚，吩咐媽媽燉給我吃，幫我補充營養。

臺南人有個「做十六歲」的傳統，這是一個外婆要幫長外孫女慶賀滿十六歲的儀式。

那時，外婆問我想要什麼呢？一部機車還是漂亮的衣服？

「阿嬤，妳給我現金啦，我媽媽可以用。」我是這樣回答的。

外婆再三追問，說：「給了錢也不會用在妳身上，這樣好嗎？」

我說：「沒關係，媽媽需要用錢，給她的話，我也會很開心。」

「七娘媽生」的日期在每年農曆七月七日。這天，滿十六歲的女孩們會穿上嶄新的洋裝到廟裡焚香，感謝織女娘娘護佑女孩們長大。當我從母親手中接過外婆為我準備的「做十六歲」賀禮時才知道，除了一疊現金，外婆還爲我打了一條金鍊子。怕我嫌俗氣，特地吩咐用玫瑰花葉纏繞的樣式製作。

這條金項鍊，我至今仍然收藏著，不曾因爲經濟困窘、而心生變賣的念頭。每回，打開紅絨盒子，用手指撫摸金項鍊上立體的玫瑰花瓣線條，就會想起自己是一個被愛的孩子。

再怎麼艱難，總會有微弱的光芒出現

即使成長的過程遍體鱗傷、父母親沒能善待我，但有一個愛我的外婆，何其幸運。

成長的過程中，再怎麼艱難，總會有微弱的光芒，沿著裂縫，撒進我們的生命裡。或許是一句溫暖的話、一次義不容辭的幫忙，一種不求回報的付出。

在現實生活中打滾，我見識過太多算計與剝削，有那麼多以「幫助」爲名的援手中，卻有許多是貪念或惡意佯裝的虛假。

我曾經在事業初啓時，被看似熱心的人稍稍幫助後，對方就開口索討三〇%的股份當報酬，理由是：「我要有幫忙妳的動力啊！」這講得理直氣壯的勒索，十年過後，還在我耳邊不斷迴響。

正因爲現實中殘酷使人心冷，所以那些願意拉你一把，卻又從不盤算報酬的善良人們，更像是暗夜裡的珠玉，閃耀著溫柔的光芒，讓人不至於心寒到放棄。

這世上總有壞人，也有好人，更有愛著你，一心只盼望你過得好的人。

現在的我，也願意用善意澆灌在每一個有交集的夥伴身上，只因爲我一直記得，在最貧寒的時候、在那麼多壞事接連砸下來的時候，有一個把白頭髮燙成花椰菜造型，罵人最兇、嗓門最大、大滷麵最好吃的老太太，曾經不求回報地，慷慨對我付出過愛。

再怎麼艱難，總會有微弱的光芒，
撒進我們的生命裡。

04 嫌棄你的人，沒資格站在你身邊

到美國交換學生的那一學期，是我人生中第一次離開華語社會的體驗。人到美國才知道，平時日日聽ICRT英文廣播、吃飯配美國影集，再怎麼苦練，都無法抵銷人走進咖啡店、準備點餐時，面對櫃檯人員的恐慌。我甚至在公車上試著想像駕駛員問路時，對方連續回答兩遍，我依然處於有聽沒有懂的茫然狀態，只能尷尬地回座，任憑公車將我載回總站。

即使緊張得要命、每一次交談都超級怕犯錯，每天起床，我依然鼓起勇氣、揹起背包，抓著早上做好的三明治向外衝。只因爲這是我期待了二十多年，總算獲得的機會。

在飛抵美國前，我就先透過學校，聯繫上當地的臺灣校友會組織，透過學長姐友善地協助，先找好合租的雅房。人在異鄉，更能加倍感受到同鄉人的溫暖：

不管是選課系統、前往學校的公車路線，甚至是校園附近的美味餐館，學長姐們都熱情提供資訊。爲了讓初來乍到的交換學生快速融入環境，學姊邀請我們參與各種聚會，從華人留學生的中國城聚餐，到感恩節的烤火雞派對，我興致勃勃地參與每一場活動，像一隻終於進城的鄉下老鼠，貪心而興奮，不想錯過任何體驗。

在這些留學生聚會中，我認識了E。

我的弱勢出身，會是再怎麼彌補都補救不了的缺憾嗎？

E是個典型的社會菁英，大我三歲。臺大商學院畢業的他，到美國攻讀財務碩士學位之前，已在日商工作數年，練就中、英、日三語皆通的本事。我們在臺灣學生會活動上首次碰面的時候，他穿著一身筆挺的三件式西裝，身形高而英挺，是個外型相當好看的男生。

相較於其他工科同學歡樂喝啤酒、大聲聊垃圾話的行徑，E顯得拘謹客氣，當學姊將他介紹給我認識時，E忙不迭從西裝口袋裡掏出名片，雙手奉上，居然還微微欠身：「妳好，我是M校的，主修財務工程。」後來整場活動，E都在我身邊打轉。沒有積極攀談的意圖，只是不時遞來茶水或點心，搭配一個溫和有禮的微笑。活動散場前，E又走過來問我：「有人送妳回去嗎？我開車，載妳回住處吧。」

這天之後，只要臺灣學生會有活動，E都會主動傳訊息來問我需不需要接送，用字禮貌、行爲紳士，甚至會先幫我打開副駕駛座的門，是我過去不曾見識過的講究禮節。我們互動的頻率日漸增加，也從原先禮貌疏遠的距離，拉近成天天講電話的曖昧。

E告訴我，這是他碩班的第二年，雖然也考慮過留在美國工作，但考量父母家庭因素，還是以回臺定居爲首要打算。像是在自陳身家一般，他詳細地說著他的家庭背景：臺北人，父親是某公股銀行的分行經理，母親家管，家庭成員還有一個弟弟，全家住在大安區的老公寓。說到這裡，他頓了頓：「我到美國之前，就跟原本的女朋友分手了。她現在在西岸念書，但想待在美國就業發展，我們對未來沒有共識。所以……我想找到一個，跟我在生活與事業上有共識的伴侶。我覺得，妳是很完美的對象。」

我目瞪口呆地看著眼前的E，一時之間尷尬得不知道該怎麼回話。這直球對決一般的告白，沒有羅曼蒂克的粉紅泡泡，聽起來理性又冷靜，像是他已經對我做過通盤分析之後獲得的結論。

E看我沒有接話，又逕自說了下去：「妳很上進、英文很好，而且妳說回臺灣之後想要申請外商工作，我覺得這很棒！我喜歡有事業心的女生，只想當全職家庭主婦的人太無聊了，大家各有各的生活重心，在婚姻關係裡面才不會有誰被綁死的壓力。我們一起賺錢，之後生小孩，就能給他更好的資源……」E滔滔不絕地陳述他對我的觀察，以及對未來家庭生活的規畫，甚至連小孩要生幾個都已經有了想法。

我一面掐著手背，聽他分析諸多主客觀條件，一面想著自己對將來的期待。是呀，其實我一直以來的努力，都是想要活得不像原生家庭的模樣，過上自己想要的人生。透過一份好工作獲得豐厚薪酬，就能澈底擺脫上一代的陰霾，像任何一個普通同學的家庭那樣，有穩定可期待的未來。

但是……「可是E，你知道我家很窮嗎？」我終於結結巴巴地開口。

被我打斷的E一臉驚疑。或許是因為難以想像，有能力到美國交換學生的人，怎麼可能「家裡很窮」？在E皺著眉頭的注視當中，我第一次對他講述所有關於我家庭背景的事情：從小時候的黑道追債，到總是沒錢繳學費的窘迫，以及我從高中就開始半工半讀，支付學費與家庭開銷的事情，我一件一件都說得詳細。最後，我緊張地咬著嘴唇，抬頭看著眉頭越鎖越緊的E說：「我家現在還是滿窮的，所以什麼都要靠自己，包含助學貸款，也是出社會之後要開始還。所以我覺得，我可能不符合你對理想伴侶的期待……」

那一刻，空氣裡的安靜，厚重得讓人窒息。

我從來沒有這麼直白地告訴任何人我家的狀況，也在這一瞬間，我理解到所謂的人生規畫，從來不只與自己的努力有所關聯。每個人對自己的人生都有不同的想像，但在選擇伴侶這件事情上，會不會我的弱勢出身，是再努力都無法彌補的缺陷？

「我覺得妳很棒！」E終於打破沉默，目光灼灼地注視我，並牽起我的手：「雖然家境不好，可是妳一直都很努力克服困難。家裡的那些問題都是以前的事情了，只要妳可以找到好工作，好好努力，以後的日子只會越來越好！」

夢想中的畫面，未必經得起現實的考驗

E對我的鼓勵，不是只在口頭上說說。他就讀的學校，是全球排名前三十的管理學院，他將行銷相關的課程列成一張清單寄給我，鼓勵我旁聽，更主動幫我查找全球FMCG（快速消費品）公司品牌市占率與用人策略等資訊，教我如何用英文寫一頁簡短而有力的履歷。

對於他的幫助，我自然是滿懷感激。我努力研讀E傳給我的每一份資料、反覆修改我的申請文件，開始爲結束交換學生學程後的求職工作做準備。

這是第一次，有人這麼熱情積極地幫助我達成夢想，受寵若驚的同時，我對未來有了更多的憧憬。過去的我，想著是找個好工作，賺錢讓自己好好生活，E這些積極協助我的行動開啓我另一個想像：如果有個爭氣努力、可以信賴的伴侶，是不是我就不必獨自面對壓力，可以靠一個好老公，過上豐盛的生活？

我突然意識到，只要我可以抓住這個好男人，未來的日子就有機會過得更好，比獨自努力順遂百倍甚至千倍。

這時，E對我的意義不再只是一個相處愉快的戀愛對象，而是我的浮木——**一個能讓我以後過得好的希望**。而我爲了緊緊抓住這個希望，使勁展露我最美好的一面，只希望自己的付出，能夠換來一個未來的承諾。

我開始上網查找食譜，再到亞洲超市裡採購食材，到E的公寓爲他燒菜。香菇雞湯、滷肉飯、上湯白菜，只要是E開口想吃的菜色，我就努力研究做法，等他下課時變出一桌子家常味。到美國之後只能外食的他自然高興得不得了，總是在筷子動到一半的時候，突然放下碗、握住我的手，深情款款地注視我：「謝謝妳，給我家的感覺。」被這樣眞誠的話語感動，我加倍努力埋首於廚房工事，同時開始幻想，E口中「家」的模樣。

交換學生的時間只有一學期，在聖誕節過後，我就得整理行囊回到臺灣，而E得再待一個學期才能取得學位。他開車送我到機場，幫我把check in等瑣事都打理好，登機前，他給我一個大大的擁抱，在我耳朵旁說：「**老婆**，臺灣見！」

返臺之後，我忙著一邊寫論文，一邊應徵各家消費品外商公司，每天總會撥些時間與E視訊。人在美國的他，也奔波在各個公司間面試。最後，我順利拿下理想的工作，E也獲得一間日本商社的聘用。一切看來如此順利，彷彿我們在美國反覆描述的美好未來，就要一點一點成眞。

直到E正式回臺定居，他帶我去他家見父母那一刻起，我才發現，所有夢想中的畫面，未必經得起現實的考驗。

E的父母熱情親切地接待了我，聽E說我已經拿到知名外商公司的聘書，更是笑得合不攏嘴。E的媽媽不斷讚美自己的兒子優秀又努力，一直是他們的驕傲，現在拿到美國的碩士學位回臺灣，還帶了認真交往的女朋友回來，看來很快就可以讓他們兩老抱孫。

不知是有意還是無意，她看著兒子，滿臉含笑地說：「其實媽媽有好多朋友都在打聽你欸，有律師也有醫生，都說等你回臺灣，要介紹女兒給你認識……當然現在不用了啦，你有女朋友了，這樣很好、很好！」

我臉上的笑顯得尷尬，只能端起飯碗，扒幾口飯敷衍過去。飯局結束之後我問E：「你媽媽是不是一直想幫你介紹對象啊？」

「不用理她啦。」E擺擺手，顯得不耐煩。「倒是我們有空要開始看房子了，看大安區這一帶就好。我住得也很習慣，雖然比較貴，但學區很好，以後小孩就讓他在這個環境裡長大，**交一些家世好的朋友吧！**」

「交一些家世好的朋友」這幾個字，從E口中不經意地被說出來，像是理所當然。我心頭一刺，轉頭看著他的側臉，他卻若無其事地繼續下一個話題：「週末要到未來主管家參加聚會，記得要先挑一瓶還可以的紅酒帶過去當禮物。也要找時間安排雙方父母見面，再把後續的日程敲定……」

追求上流生活的絆腳石是……

事情看似平穩地往我原先期待的方向發展，但我開始在與E日漸頻繁的相處中，察覺到令人不安的細節。

首先，在一次酒酣耳熱的聚會中，已經喝開的E紅著雙頰，開始大放厥詞。他告訴同座的後輩：「追女朋友要用方法啦！你本身什麼個性不重要，重點是，你要做讓女生會喜歡的事情，像是載她出門時，先幫她開車門，在聚會中靠近她，但又不要過度熱情，保持紳士又距離的神祕感，讓女生覺得你好像對她有意思，但又不是非她不可。讓對方心癢癢的，對你好奇又想多了解一些，你後面要追她就簡單多了。這是心機，也是人性戰場啊！」

這一番話說得我心驚肉跳，E卻沒有意識到，當初他在美國用如此心機追來的女生，此刻就端坐在他身旁，聽他大方分享如何獵女。或許是關係穩定了，也或許是回到他熟悉的臺北，讓他在言行上放鬆、放肆，於是更多的細節，就在我們日常相處中逐漸構築成我的不安全感。

例如，當我們行走在臺北街頭時，我看著跑空趟的計程車，一面感嘆司機先生們生活很辛苦，畢竟車上沒有載客，又要耗費油錢，心情一定很焦慮。E竟突然發脾氣，對我訓斥了起來：「律師的生活不辛苦嗎？醫生不辛苦嗎？計程車司機的辛苦算什麼，他們就是不夠努力，所以才只能去開計程車！」

像這樣的細小事件逐漸累積，我才看明白，這個我論及婚嫁的男人，根本是一個徹頭徹尾的階級主義者。他努力考上臺大，畢業後工作幾年又到美國念財務碩士，爲的就是要讓自己躋身菁英族群，擁有好的工作、住在好的區域，確保自己的孩子也能獲得階級世襲的福利。對他而言，勞動階層並不值得同情，因爲那是弱者，是不願意如他一樣付出努力、換取成功的人。

這樣的觀念讓我不寒而慄。不只一次我與E爭辯：「你說那些不夠努力的人，**其實未必是不努力**，並不是每個人都像你這麼幸運，生在銀行經理的家庭裡，不用打工就能專心念書，而且還有聰明的腦袋可以考出好成績呀！」

E用一種覺得我在找碴的不耐煩神情瞪著我：「這有意義嗎？社會階級又不是我規定的，我只要負責努力就好。努力的人獲得報酬，天經地義吧？」

我看著他理所當然的表情，將已經湧到嘴邊的話統統吞進肚子裡。發現雙方的觀念根本天差地遠，可怕的是，我怎麼現在才發現？甚至已經準備要嫁給這個人，還以爲可以透過與社會菁英結婚，解決自己一直以來的經濟困境！

假使他看待社會弱勢的角度，就是以純粹的「適者生存」「贏者全拿」的觀點去論斷，那我的原生家庭對他來說，難道不是毒瘤級的負擔？

他在美國對我滿滿的鼓勵與支持，說我努力又堅強，不被困境壓垮的讚賞，也是把妹的招數之一嗎？

我對E的懷疑日益加深，每天都懷疑自己其實做了錯誤的決定——**這不是個能一生厚待我的男人**。E對此似乎毫無察覺，反而隨著婚事進度的推進，更直接了當地將他過去沒說出口的話，放在檯面上講：「我們結婚之後，妳應該不會拿錢回家吧？我們要付自己的房貸跟栽培小孩，妳不要只顧著妳爸媽，反而減少我們家可以用的資源！」

在週末看房子的時候，他也會不只一次地抱怨：「要不是因爲妳家不能幫忙分攤頭期款，我們就可以看更好的房子。」聽了太多次抱怨的我，忍不住反擊：「在交往之前，我就有告訴過你，我家裡比較辛苦，我得要靠自己啊！」

但這樣的反擊，並沒有改變任何事情。相似的抱怨，依然會在類似的情境裡一再出現。最後，我終於弄懂 E 當初在美國追求我的原因：**我積極、努力，渴望進入外商、對職涯有野心**。當他與在美國的我相識，他看見的，是一個能與他一起力爭上游的妻子。但當情境回到臺灣，最殘酷的現實擺在這裡：**貧困的原生家庭，無異於他追求上流生活的絆腳石**。

他對這個現實感到挫折。雖然不到取消婚約的程度，但仍然無法自抑地在嘴上叨唸個沒完。

這不是衝動，而是我勇敢的決定

認清現實之後，我對即將產生的婚姻關係，產生巨大的恐慌：**我不可能跟一個嫌棄我出身的人生活**。

但是，在雙方父母見面之後，籌辦婚禮的各種作業已經陸續展開，包括看場地、試喜餅、選日子……我有種騎虎難下的焦慮感，但又沒有足夠的勇氣將整件事情喊停。

直到某一日，當我與E一起吃晚飯時，他一如往常般滔滔不絕地說起工作中的各種交易案，包括驚人的金額、巨大的市占率、富甲天下的投資人……坐在對面沉默喝湯的我，抬起頭來看著這個不斷炫耀自己工作成果的男人，腦海中瞬間閃過「啪」的一聲——那是我理智線斷掉的聲音。

如果此刻坐在E對面聽他長篇大論，已經成爲難以忍受的折磨，爲什麼我要走進一段婚姻裡，在接下來的三、四十年裡，都要別無選擇地聽他說話？我像是清醒過來一般，推開湯碗、站起身。話說到一半的E傻住，皺著眉看我：「妳幹嘛？」

「我們，不要結婚了吧。」我深吸一口氣，拎起包包，推開椅子轉身就走。

E慌亂地站起身來想拉住我：「妳發神經喔妳？好好的，幹嘛這樣？」

「好的是你，不是我，我一點都不好。你不是嫌我家窮嗎？對，我家眞的很窮，你去吧，去找有錢人家的小姐，這樣你就不用看頂樓加蓋的老公寓了。再見。」

無視E的攔阻，我甩開他的手，逕自走出餐廳。手機開始傳來E的訊息與來電聲，質問我到底在鬧什麼大小姐脾氣？但他不明白的是，**這不是衝動，是我猶豫了大半年以後，終於勇敢為自己做的決定。**

我們值得被更珍惜地對待

婚姻不是籌碼交換，也不是利益極大化的結合，而是兩個不同成長背景的人，決定攜手成為人生合夥人的契約：從此之後，不管苦樂，都要共同承擔。

對於人生，我還有許多憧憬，期待與另一半牽手看遍人間風景。面對一個嫌棄我的人，我何必浪費時間反覆解釋自己的難處？

懂就懂得，不懂就算了吧！

退婚看似丟臉，但若爲了面子，硬要完成婚禮，我賠掉的是下半輩子。親戚之間喧鬧一陣之後，風波也就過去，眞正爲自己選擇付出代價的人，是我。如果不是心甘情願，又如何能堅持一生？

我看過太多的朋友，在適婚的年紀裡焦躁不安，彷彿結婚是一件限時內必須要發生的事情，是一種必須要的不得不。

但妳想清楚了嗎？看清楚了嗎？這個要把名字留在妳身分證背後的人，配得上妳嗎？

他與妳有共同的生活價值，願意一起努力、攜手付出嗎？

他能夠在妳病或困頓的時候，不生嫌惡，陪伴妳直到康復嗎？

妳願意包容他委靡頹喪時刻，耐心等候，直到他重新生出往前的力量嗎？

我們結婚，從來不把締約當作兒戲。如果可以，誰不希望婚姻是一生一世？

所以妳不必急，不要慌。

這件事情，是要與人攜手走幾十年人生的重大決定，將就不會有好下場。不如讓自己多反覆想想：在婚約證書上頭簽名的時候，妳能不能甘心情願？彼此能不能不只戀慕彼此好的那面，同時還願意包容、理解對方不夠完美的殘缺？

妳必須是他心目中、皇冠上獨一無二的寶石，而不是種種利益盤算後，做爲配偶的最佳選擇。

嫌棄自己的人，沒有資格站在我們身邊，**我們的價值，值得更尊重、更珍惜的對待。**

妳必須是他心目中、
皇冠上獨一無二的寶石。

05 自己的人生，不必用來討好誰

記得小時候看漫畫，裡頭有一句對白，讓我牢記了一輩子。

傳授棋藝的師父告訴毛躁的菜鳥小徒弟：「眞正的棋士下棋時，每走一步，便會推算對手接下來十五步可能的走勢。」我正是如此盤算自己的人生。

高一時，想著必須考上國立大學，因此我做足備審資料；念大學時，爲了考研究所，累積各種經歷；讀研究所時，從入學那一刻起，就開始爲找工作準備。

不是不懂活在當下，而是窮怕了。

即使眼下陽光燦燦，我都會掛心夜晚終將到來，於是**所有的現在，都為了以後而存在**。

學會當下盡力之後，我對結果釋懷了，那是多年之後才懂得的事情。

年輕時候的我，覺得自己像是站在懸崖邊，巍巍行走，只要稍有鬆懈，就將墜落至深且幽暗的谷底。在那個谷底，父母親睜著無神的眼睛望著我，還有令我恐懼、無止盡的忍耐與妥協，對一切無能爲力。

怕自己不夠努力，錯過任何能夠翻身的機會

爲了不重複上一代的人生，我像是背後有惡鬼正追趕著似地，拚盡全力，向前奔跑。

大學畢業時，同學在臺北就業拿到的薪資，在兩萬八千元到三萬元之間。這對我來說是絕對不可行的。在臺北租屋是一筆龐大的開銷，再加上物價、交通費、每月需還的助學貸款，怎麼想都不會有翻身的可能。我反覆在各種資料、商學院論壇間查找訊息，最後確定外商公司是唯一的活路。

文組出身的我，在科技業別的外商公司並沒有優勢，倒是消費品類型外商公司的行銷職位，或許還有機會一搏。那些年消費品外商公司在臺灣積極徵才，比起臺資企業，更樂於聘用完全沒有經驗的新鮮人，從零開始培訓人才。最重要的是，外商企業雖然工作壓力大，薪資也給得豪爽。那時，我在網路上找到的訊息

都說，進得了薪資優渥的世界第一大消費品外商分公司，年薪甚至第一年就可以破百萬。

美好到不可思議的高薪福利，成爲我日思夜想的救贖。

既然薪資待遇豐厚，競爭者必然很多。網路上說，大部分新人的名額都由臺大、政大畢業生占據了，每年釋出少少的幾個名額，只會錄取最頂尖的畢業生。

我知道自己不頂尖，還偏鈍，能搆上國立中字輩大學的門檻，已是萬幸。但我渴望翻身，期待一份好的工作，將過去人生的負面因子一筆勾消。我沒有其他選擇，就算很困難，都需要用力一搏，或許老天憐憫，就能讓我脫離在這金錢匱乏之感中，無止盡恐慌的宿命輪迴。

我向所有知名的消費品外商公司：寶僑、聯合利華、萊雅、嬌生、雀巢等投遞履歷。這些外商公司遵循總部的全球召募流程，大費周章完成申請資料後，便是一次又一次的面試關卡。

這些面試都在臺北舉行，而我人在天氣炎熱的高雄，車程距離五小時之久。那段時間我最常做的事情，是在凌晨三點按掉鬧鐘、揹起背包，搭五個小時的統聯客運到臺北。一路睡睡醒醒地晃到臺北後，便就地尋找鄰近的麥當勞，點杯玉米濃湯，然後從背包裡取出套裝，到洗手間換上。

我會在麥當勞洗手間的鏡子前整理好頭髮、抹上粉底掩飾一夜沒飽眠的憔悴，再循著上班族的足跡，搭捷運趕赴早上九點半的面試。推開外商公司光潔明亮的玻璃門之前先深呼吸，壓抑住因爲太渴望獲得工作機會而極度緊繃的情緒，接著，在臉上扯出一弧恰恰好的自信微笑後，踏入門內。

我就用這種最刻苦的方式往返臺北、高雄。統聯的回數票票根厚厚一疊地堆放在我的書桌上，研究所畢業前半年，我累積搭了超過五十趟的里程。這瘋狂的努力，源於我的害怕——**怕自己不夠努力，錯過任何能夠翻身的機會**。

終於，我在研究所畢業典禮的那天早上，接到一家全球最大消費品外商企業的電話，恭喜我錄取了。

接到電話的我興奮到跳起來，忍不住歡呼大叫。那時的我，真心以爲獲得了高薪工作，從此就能告別過去所有的壓抑忍耐，邁入閃亮亮的人生。卻沒有想到，這份爲我解決經濟困境的工作所帶來的快樂，驚人的短暫。

努力雖然是成功的基石，卻不是達成夢想的保證

到新公司報到的第一天，我穿了拘謹的白襯衫與黑裙，在冷氣永遠太強的辦公室裡，豎起每一根寒毛，過度緊張地在陌生環境中，試圖呈現出最好的自己。意外的是，大部分新進同仁才剛進辦公室，就能與前輩們熱絡攀談起來，我這才知道，他們都是臺大的應屆畢業生。這間外商大部分的雇員都來自臺大、政大，也是最優秀的菁英人才，更是最積極求上進的一群。

大部分同事很快融入狀況，我反而退縮了。能被這間外商錄取，是拚命一搏的結果，我自覺非常幸運，但這個念頭的另一面，卻是我始終難以擺脫的潛意識：「我不夠好，我不值得被這麼好的公司錄取。我只不過是運氣好而已，並沒有眞正的實力。」

爲了說服自己「其實我沒有那麼弱」，我積極努力地想將每件事情做到最好，希望透過工作上的表現，告訴別人，也告訴自己「我是夠好的人」。就算我不是頂尖大學畢業，成績也不會輸給任何人！

只可惜，我的競爭對手不只學歷優、腦袋好，也都與我一樣，積極想在工作中求表現。大家平日一起窩在會議室裡頭吃便當，晚上不時相約出去聚餐，在工作中的較勁卻從不手軟。才上任沒多久，我的公司信箱裡頭就出現同梯的信件：精煉的英文用字，配上銷售現場的照片，介紹自己在行銷活動中為品牌大力宣傳的成果。收件人是全公司的同仁，以及美國總部品牌團隊。

這對我來說，完全是震撼教育。尤其同事洋洋得意地展示工作成績的同時，我卻只能站在賣場裡面，死命掐著自己的手關節、沉默聽店主管對我咆哮三字經，再將我準備給他的資料往我頭上砸。

我運氣不好，被分配到的負責區域，有個以辱罵廠商為樂的店主管。這間賣場業績極好，因此各品牌廠商無不傾盡全力巴結討好對方。自以為人情世故還算熟練的我，沒想到卻在最有信心的事情上踢了鐵板：店主管連看都不看我一眼，就算我堆了滿臉笑容遞上資料，他一樣板著臉轉頭就走，半點餘地都不留。

灰頭土臉的我，向先前負責這個區域的前輩求救。前輩安慰我：「這間店就是這樣，妳忍耐一點，我當年也是乖乖配合，幫忙補貨、清潔賣場，做了半年以後，他才願意把我們家的商品放到顯眼一點的貨架上陳列。」

「半年?」我大驚失色。「可是,你看北區那個誰誰誰,他第一個月就發績效成果信給總公司了耶!」

「哎唷這種事情,很講運氣啦。妳不要太放在心上,每家店的情況都不一樣。」前輩的安慰聽在我耳裡並沒有多大效用。他比我早來公司一年,個性溫和敦厚,不是公司裡頭的明星員工。而急欲證明自己的我,只想向最閃亮的星星看齊,以爲只要持續努力、用對方法,就可以收穫最甜的果實,成爲被所有人誇讚的模範生。

但其實,**努力雖然是成功的基石,卻不是達成夢想的保證**。那年我二十五歲,雖然在過去的求學生涯中屢屢遇到挫折,卻依然相信努力就可以成功扭轉命運,相信老天不會辜負勤奮付出的人。

我能做到的,不過是「盡力」而已

面對優秀同儕的壓力與日日夜夜被客戶羞辱的壓力中,過度用力的我,一點一點開始變得不對勁。

第一個跡象是，我開始害怕電話鈴聲。

客戶經理的工作原本就需要大量的溝通，每天撥打上百通電話是家常便飯，接起電話時，我總是精神奕奕、風趣說笑。掛掉電話之後，我卻感受到情緒從山峰直墜谷底，有著巨大的落差。

電話中樂觀開朗的口氣，只不過是我想向外表達的形象，其實我內心煩悶、恐慌，卻不能對任何人講，因爲害怕示弱，害怕被發現「啊！妳果然不夠優秀，是一個即將輸掉的失敗者」。

於是，我應答來電的動作越來越緩慢。有時明明已經看見手機螢幕亮起，熟悉的分店電話號碼就在上頭閃啊閃，卻遲遲無法伸出手指、按下接聽鍵。

有時候，明明早就安排好客戶拜訪行程，車開到停車場後，我卻遲遲不願意熄火，只是坐在車子裡面，一遍又一遍地重複播放音樂。像是在逃避不喜歡的場合，能拖延幾分鐘都好……

那時最常反覆播放的，是一首叫〈Bad Day〉的歌：

「Cause you had a bad day,
你只是一時地不順遂，
You're taking one down,
你只是剛好意志消沉，
You sing a sad song just to turn it around.
你只是唱了一首悲傷的歌。轉個身，一切就雨過天晴……」

如果能轉個身就放晴，該有就好。

無法從工作中獲得自我價值感的我，每天晚上都會打開人力銀行的頁面，查找各種行銷工作職缺，然後再灰心地發現，沒有任何一個工作，能帶來與目前收入旗鼓相當的薪酬。

最後，我連出門上班都感到困難。

終於有一天，我將自己捲成一團、縮在棉被裡，無論如何都無法說服自己穿上襯衫、出門上班。看著被我關成無聲的手機螢幕不斷閃爍來電通知，一通、兩通……

我哭著打電話給要好的大學同學，問她有沒有空，告訴她，真的覺得自己很不對勁，需要去看醫生。

講義氣的同學很快就抵達，摟著我的肩膀、陪我到醫院的身心科掛號。進到診間，醫生才開口說一句：「怎麼啦？」我就開始唏哩嘩啦地哭，滿臉鼻涕眼淚地用破碎的句子描述我的挫折：「我覺得我不管怎麼做，客戶都不高興……」「別的同事做得很好很好，可是我真的很努力了啊，但是我就是做不到，沒辦法跟他們一樣好。」「我真的不知道該怎麼辦……」

哽咽地到櫃檯領藥結帳之後，同學送我回家。我像一條在岸上掙扎的魚，瞪著擱在茶几上的藥包，遲遲無法決定該不該立刻吞一顆藥丸，接著去睡覺。

最後我打開電腦，輸入整串難懂的藥物名稱查詢，不意外地發現，**睡前要吃的是安眠藥，早上該吃的是抗鬱劑**。

那天晚上，我吞了安眠藥後沉沉睡去。隔天出門上班前，我按照醫囑除下抗憂鬱藥丸，期待奇蹟出現，我的這一個工作天，能在服藥後變成溫柔順遂的日子。

結果那天，我感覺自己像是一條被包覆在泡泡裡的金魚。

難相處的客戶嫌惡表情如常、陳列員不理不睬的冷淡態度毫無改變。但當這些總是重重打擊我自尊的事情發生時，原先應該尖銳如刀鋒戳刺的受傷感，被一種像是被鈍刀敲擊的感受取代。

我意識到，其實今天與先前每一個工作日所發生的事情，並沒有任何差別。只是服藥後的我，感官變得遲緩，否定的話語依然鑽進我耳裡，但被藥物包裹的神經已經不再敏感，不再輕易感受到痛楚。即使察覺到那些句子裡頭的惡意，可是過去那種一下子被傷害到自尊、尷尬到無地自容的窘迫心情，一整天都沒有發生。

這天工作結束後，我回到家，看著藥袋，內心再次陷入掙扎。

服藥，就可以靠著神經被麻痺的藥效，將自己裹在一層安全軟墊裡，讓外界惡意的言語無法輕易形成痛苦。但其實，一切都沒有改變——客戶一樣拒絕配合、我的工作績效一樣卡在原地，只不過對自己成爲失敗者的那份挫折感，變得不再強烈而已。

所以，就這樣了嗎？

我唯一的選擇，就是用藥物麻痺自己的感受嗎？

而這只是剛開始，是我的第一份工作。接下來的生活，我是不是也只能依靠藥物，才能繼續面對現實？這是我面對惡意時，唯一的應對方法嗎？

所有機關算盡的盤算，只不過是我在掌握有限資訊的情況下，能做到最好的規畫。但人生哪裡是這麼單純的事情呢？天災人禍也好，人事變遷也好。就算我們勤勉地將所有能做好的事情做到滿分，依然無法眞正控制未來的走向。**我能做到的，不過是「盡力」而已**。

以爲進了薪資高、名聲響亮的外商公司，人生就能自此順利，卻沒想到後頭還有千難萬難。**原來生活是一連串被打擊後爬起來、下一秒卻可能又被另一件事絆倒的過程**，沒有電影裡終於打敗惡棍，「從此大家過著幸福快樂的生活」這種結局。

討好別人不該是我的使命

服藥那幾天，我在情緒變得遲鈍、不再敏銳回應外界種種的情況下，反覆思考未來的路該怎麼走下去。

最後我終於想通：**我的痛苦，來自於太過在乎別人的眼光**。

從小到大，我不斷在追逐別人認同過程中，給自己太大的壓力。希望讓父母感到驕傲、期待獲得老師的認同；最後，渴望自己在職場裡成爲一顆閃亮星星，被上司或客戶喜愛。

我把注意力放在別人對我的觀感上頭，爲此付出所有力氣，卻忘記了，**討好別人不該是我的使命**。

別人是別人，我是我。爲什麼總想著別人如何看待我，卻不花一絲精神去思考，撇除別人的目光之後的我，究竟想用什麼方法，活在這世界上呢？

不爲了別人的掌聲而努力上臺表演；不爲了長輩的稱讚而熬夜念書。

可不可以開始純粹地喜愛一件事情，不再只是爲了取悅誰？

那年我二十五歲，在身心解離的痛苦中，終於了解到：**自己可以活成不同的模樣**。

日子繼續往前推進，壞客戶依舊用粗俗的難聽話語回應我的每一次提案，優秀又幸運的同事績效仍然像美麗的煙火一般，引來各方大主管拍手稱許。我持續在「覺得自己不夠好」的自我貶抑中，艱困前行。但不同的是，我不再依賴藥物麻痺感受，而是開始練習「我」這件事情。

我盡力了，我問心無愧，很多事情，本來就不是我能夠控制。眼前的輸贏只是眼前，不是以後，甚至，輸贏根本就沒有存在的必要。因爲我想要的，與別人不一定相同。

兩年後，我遞了辭呈，離開這個我曾經削尖了頭都要鑽進來的外商窄門，放下我一直捨不得的豐厚薪水。

在這之後，我過得快樂嗎？

遇過無良老闆、欺詐廠商、惡意排擠後輩的老鳥，傾盡心力付出的案子化爲泡影。在各種鳥事襲來的同時，卻也有著閃閃發亮的時刻：新專案一炮而紅、媒體爭相採訪，或是銷售創下史上最高紀錄、難以協調的合作單位最後成爲最緊密的夥伴……沒有一帆風順，卻在順境逆境之間，累積出滿滿經驗值。

我相信許多事情背後，總有神祕的因緣，**很多看似曲折的辛苦，其實正將我們帶往一條美好的道路**。這看似老派雞湯文的論調，卻是我活了大半輩子後，最衷心的感想。或許在此刻，你正面對巨大壓力，對無能爲力的自己感到挫折沮喪，但請一定要記得，你的人生路還很長，再不開心的事情終究都能過去。重點是，**你想成為什麼樣的人？**

自己的人生，不必用來討好誰。

把別人的眼光拋到腦後，花更多的精力與自己好好對話，**為自己做決定，實踐一個心甘情願的人生**。即使吃苦，也能甘之如飴，因爲那是自己的選擇，我們明白眼前的辛苦，是爲了內心渴望的未來。

自己的人生，
不必用來討好誰。

很多看似曲折的辛苦，其實正將我們帶往一條美好的道路。

—大姐的人生相談室②—

問：想詢問大姐，要如何在忙碌中對工作上更多的要求說不？或是至少不要太快被壓力逼迫就答應？謝謝。

答：拒絕是一件苦差事。我要很誠實地告訴妳，即使我已經長到這麼大，對於拒絕別人，還是一樣會感到有壓力與罪惡感，像是拒絕路邊推著輪椅街賣的工作者，或是別人想約吃飯的請求，都會讓我覺得自己像是在「對不起別人」。

因此我懂得妳的感受。

但現在的我，非常善於拒絕，果斷並且明快。原因是我已經理解到，所有的**「不好意思拒絕」，最後都會匯流成讓自己不愉快或壓力爆表的結果。**

直接的拒絕，像是不近人情又無理。因此後來我發展出非常善於找藉口的機制。（這樣公開之後，會不會所有被我推掉的工作，都會發現其實我只是在找藉口……XD）

例如我拒絕飯局邀約，就會用照顧女兒為理由。或許我也可以為了飯局，請朋友代為照顧孩子，但我為什麼要呢？如果是一場只是到場陪笑的餐會，我留下完整的精力、陪孩子吃飯洗澡後，睡前再好好說一個故事，才是善用時間最好的安排。

在已經忙碌到爆炸的狀態，要對新增工作說不，我會用採哀兵政策。如果對方（尤其是主管）不屈不撓，就將我的工作排程攤出來展示，告知新增工作會影響既有專案的品質。切記，千萬不要因為對方的哀兵政策，一時心軟，讓對方的壓力，轉嫁成妳的負擔。

我見過次無數的場景，例如窗口苦苦哀求設計師熬夜趕作品，設計師心軟答應了。自此之後，窗口都在時間緊迫時才提出要求，於是設計師永遠得不到合理的交件排程，永遠都得燃燒自己的肝，只為了回應窗口的拜託。

要記得，千萬別心軟。看清楚自己的現狀，不要過度承諾，被自己的不忍心壓垮。

問：請問大姐，在職涯的規畫上，該選擇壓力大但收入高的工作，還是可以準時上下班但收入普通的工作呢？

答：這個問題，要問施主你自己（欸）。

每個人在人生中想追求的事物不同。倒也不只是缺錢與否的考量，更多的是**選擇自己願意的生活型態**。只是我輔導的對象，普遍都遭遇一個困境：一直以來，試著當好孩子、好學生，努力依循主流價值觀而活，從來沒有機會好好思考，排除了所有人的期待之後，自己想要的究竟是什麼。

除了自己主觀想要的人生步調之外，隨著個人的生涯發展，答案也會隨之不同。例如在剛出社會時，單身者沒有家庭壓力，父母也健康無虞，如果是對事業有野心的人，肯定要選擇比較有發展性的職缺，也容易因為自己的追求，甘願承擔較高的壓力，讓高收入成為慰藉。

但隨著年歲增長，或許有人結了婚、想要與另一半度過更多時光，或是孕育孩子，得要保留精力回家與小朋友纏鬥。更有一群朋友，得撥出時間陪伴父母就醫看診甚至照護。這些隨著人生狀態而推移的風景，都會讓原本看似單純的二選一問題，成為權衡之下的不得不。

因此，老話一句，**這是個沒有答案的問題，能夠為自己做決定的，只有你自己 :)**

PART 3

活成想要的自己

寫給三十歲的妳：

「三十歲了，妳喜歡現在的自己嗎？

小時候寫作文時，總會寫到『我的志願』。為了迎合考試給分，大部分同學最愛寫老師或科學家之類的職業。那時的我們，已經粗略學會說出大人期待的話、做出討好他們的模樣。

那時的我們，懵懵懂懂，覺得長大好遠，像是不知道在哪裡的遠方。

三十歲了。已經貨真價實、成為大人的妳，成為小時候夢想的模樣了嗎？

原來生活在現實社會上，是這樣充滿坑坑洞洞。

同學會上笑談往事的光鮮亮麗，是為了虛張聲勢的假裝，日復一日的勞碌通勤、總是幅度太低的加薪、漲到追不上的房價……原來大人也是這麼迷惘呀！

還以為長大之後，那些想不通的事情，就能夠找到答案呢！

原來三十歲的我們，還是站在人生的河流裡，瞻前顧後，不確定自己的去向。

三十歲了。長大以後的妳，記得為自己做些事情嗎？

現在雖然沒有期中、期末考了，沒有必須討好的班導師或爸媽，雖然上司或長輩的壓力仍在，但妳知道，妳已經具備了改變事情的力量，只要妳想。

三十歲了，留一些時間與自己對話。

花了一輩子的氣力、滿足他人的期待，終於長大的妳，想要的又是什麼呢？

我們不要管媒體的風向、不要理人生勝利組的鋒芒。

這一次，只管與自己相處，聽一聽那個藏在心底、膽怯卻真實存在的聲音。

恭喜妳三十歲了，親愛的。

謝謝妳一路努力到現在，讓我們從今天開始，活成自己喜歡的模樣。」

01 最愛自己的，必須是自己

大多數時候，我們總是掛念著別人好不好，例如，擔心爸媽感冒好了沒、到底該怎麼舒緩孩子鼻子過敏的症狀……每天忙著照顧別人、回應外界需求的同時，有沒有也花上同等的精神、氣力，好好關注自己？

我就是那個沒有做到的人。

三十歲出頭，我躺在手術檯上，接受第一次開刀。再過兩年，又面對第二次手術。當我獨自坐在診間，聽醫師告訴我大切片病理報告結果的時候，內心彷彿直墜冰窖的絕望感，至今依然深刻記得。

如果可以，我多想要回到過去，告訴那個總是過度用力、一直鼓勵自己「再撐一下！」「妳的努力一定會有回報！」的女生：「妳不該等誰來憐惜妳、體諒妳。照顧好自己是天底下最重要的事，不該用任何藉口去拖延這件事情。」

「不會有人幫妳愛自己，妳該好好照顧自己。」

健康是種會輕易失去的東西

在生病之前，我從來沒有意識到，**健康是種會輕易失去的東西**。身體裡的每一個器官唯有在生病的時候，才會感受到它的存在。例如平時吃好喝好，可是一但胃痛，那股從肚臍上方陣陣傳來，猶如刀割般的絞痛，就會持續提醒妳：「嘿，當我出狀況的時候，妳的日子也不能如常好好地過喲！」

第一次生大病的經驗，是大學時期過度打工、忽略身體需要休息，加上精神壓力，最後罹患了顳顎關節炎。經過一年多的治療，我的嘴巴終於恢復到常人開闔的狀態，只是每天晚上睡前還需要含著一塊咬合板，護住我的關節免於過度磨損。

那次生病就像一記棍子往我腦袋上掄，把長年熬夜、不知節制的我敲醒。即使經濟窘迫情況與學業壓力依舊，時間一到，我還是會乖乖閉上眼睛躺平，不再挪用身體休息的時間。然而「好了傷疤，忘了疼」這句俚語不假，在安然度過研究所求學時期、取得外商公司門票之後，我的壞習慣再次發作，繼續用各種理由，犧牲睡眠時間。

外商公司既然能支付豐厚的報酬，對於員工的要求想必不會鬆懈。剛進公司時，我就被各種複雜難懂的 Excel 表格擊垮，包括財務部的巨集語法、估算年度業績用的各品項銷售預測欄位……數學一直是我的弱項，打開電腦看著這些密密麻麻的數字公式，心裡頭滿滿都是焦慮。爲了弄懂這些計算規則，我得花上大把時間坐在電腦前研究，上班時間若是在辦公室裡待久了，主管就會走過來趕人：

「妳怎麼還待在這裡？客戶都不用管了嗎？」

被趕出門的我只能狼狽關掉電腦，乖乖按著行程表跑客戶。忙完一天的日程後，再回到辦公室，繼續與我看不懂的表格奮戰。那段日子，我通常在電腦前忙到晚上十一點多才能站起身，關掉空調、鎖上辦公室大門，帶著一身的疲倦，回家洗澡。

那段日子，每天睡覺的時間大概只有五個小時，如果遇到要趕報告的日子，甚至只能睡三小時，畢竟我太害怕被主管釘在牆上了。除了面子問題，更害怕失去往上爬的機會，生怕自己不夠出色的績效，會成爲升遷之路的阻礙。

身體是有極限的

離開外商公司之後，我耗用身體資本的情況更顯嚴重。一方面是大病的記憶遠了，在現實生活的各種挑戰中，我再次忽略「身體有極限」這個鐵則。

工作做不完？就帶回家做吧，吃完晚餐、打開電腦繼續奮戰，每天做到凌晨一、兩點才睡，已經成爲常態。

除了忘記有意識地照顧身體健康之外，我還輕忽一件事情的重要性：定期健康檢查。

過去在外商，每年都有免費的身體健康檢查。但我太依恃自己貌似健康的狀態，又一心只想在工作上求表現，竟然不曾到醫院進行任何檢查，就這樣每天忙啊忙地，熬夜加班、社交應酬。

直到某天，當我走出捷運站，踩著高跟鞋快步走向信義商圈的空橋，準備去巡門市的路上，下腹部突然掠過如同被利刃劃過般的劇痛。我當場蹲下、全身冒冷汗，痛到連眼前的事物都看不清楚。

好心的路人將我扶到角落，遞上飲用水，頻頻詢問我：「還好嗎？需要幫妳叫救護車嗎？」等到痛楚終於一點一點地褪去，向路人道謝後，我扶著牆面慢慢站起來，心底一面發慌、一面清楚地意識到：該是到醫院檢查的時候了。

我掛了臺大醫院婦產科的號，知道這個症況，恐怕不是一般診所能夠處理的。在診間說明症狀後，醫師立刻開了超音波檢查單。

隨著儀器操作板在我腹部上滑動，躺在診療床上的我，看見醫檢師從說笑到安靜不語的反差，我知道事情不妙。

「照到了。」醫檢師只簡短地告訴我這三個字，示意我到診間外頭等候。

輕忽身體術後復原的重要性

照到的，是雙邊卵巢各有一個腫瘤的狀態，這兩顆腫瘤都已達到七公分以上的大小。「這種情況沒有其他做法，建議要立刻開刀了。」醫師圈起 X 光片裡的顯影區域：「再拖下去，如果遇到外力碰撞，腫瘤破裂，很可能就會導致腹膜炎。」

女生的卵巢僅有小指頭指尖大，我偌大的雙側腫瘤厚重地壓著卵巢，甚至已經影響功能，這也是我生理期流量逐漸減少的緣故。

醫生說，腫瘤養到這個大小，必定是累積好一段時間的過程。我想起自己出社會工作以來，不曾進行健康檢查的輕忽態度，著實悔不當初。

再懊惱，也得先打起精神、解決問題。醫師說現在還來得及，可以安排內視鏡手術，在下腹部開三個小洞，將儀器伸進肚腹內移除腫瘤後，做切片化驗確認是否爲良性。如果我不及時開刀，腫瘤持續增大的情況下，就必須改採傳統剖腹手術，在肚子上劃出長長一刀傷口……

離開臺大醫院的時候，我手上多了一袋資料，裡頭是開刀前的各項準備說明、是否採用自費藥物的勾選表，以及需要親友簽名的手術同意書。

我原想安安靜靜地自己完成這項手術，不找任何人幫忙，也不欠誰人情，但院方非常明確地表示，開刀時必須至少有一名親友陪同。

「要不然妳出意外死在手術檯上，誰能處理啊？」我一位嘴壞但心好的醫師朋友，向我這樣解釋。

最後我還是沒有告訴父母我要開刀這件事，只央求在新竹工作的妹妹請假北上陪我。我想，就算讓父母知道，只不過是增添他們煩惱，對事情毫無幫助。然而，當我換好手術服，在手背上插好預備做靜脈注射的蝴蝶針，在冰涼的手術檯上躺平的那時，儀器的滴滴聲、房裡極低的溫度與強烈的光線，都讓我感受到強烈的孤獨感。

麻醉科醫師站到我面前，手術帽加上口罩的包覆，我只看得見他眼鏡上頭，自己的倒影：「現在幫妳做麻醉囉，我們從一開始數，一、二、三……」

再睜開眼睛時，手術已經完成，我躺在恢復室裡不停地發抖。醫護人員走過來幫我加毯子，告訴我，手術很順利，至於腫瘤化驗的結果，會在下一次回診確認。

在醫院裡住了三天後，我回家了。肚子上三個傷口各約五公分長，只要定期換美容膠就能好好癒合，但在看不見的腹部裡頭，其實我的雙邊卵巢各有七、八公分的刀痕。醫師告訴我：「妳還年輕，我們在手術時特別小心，希望能讓妳的卵巢功能在術後不受影響。」醫師用心良苦，我確實在術後恢復了生理週期，但大約兩年後的腹部超音波檢查，醫檢人員卻無法找到我左側的卵巢，判斷是長年被腫瘤壓迫，開刀後雖然短暫恢復功能，卻難逃逐漸萎縮的結局。

更糟糕的是，沒有開刀經驗的我，輕忽身體術後復原的重要性。只休息一週就重返工作崗位，還忽略營養攝取，完全沒意識到我需要補充額外的蛋白質以協助傷口復原，每餐都是隨性的自助餐菜色：白飯蔬菜與少量的肉。看著體表的傷口癒合，又聽醫師說腫瘤化驗結果都是良性，我便樂天地覺得自己已逃過劫數，解除罹癌的危機。

但，自從卵巢腫瘤的手術後，我的抵抗力變得極差。動不動就容易感冒、病程總是拖得極長，怕冷又總是感到疲倦。

那時的我沒有想到，自己在手術過後草率對待身體的粗心，已對健康造成不可逆的傷害，更沒有想到，兩年後的一次抹片檢查，再次將我召回醫院，重複一次被推入開刀房的過程。

好好照顧自己，爲了世上獨一無二的自己

人生有許多不能由自己做主的意外，但同時，也有許多可以做好的事情。例如，**善待自己**。

生病了，爲什麼不願意好好休息？爲什麼要逃避「身體出狀況了」這個現實，

卻在自己體力稍稍好轉的當下、立刻投入工作，回到忙碌的職場中呢？

我不想替別人添麻煩，不希望因爲自己生病，造成同事工作量加重的負擔。最後，我給自己添的麻煩，卻是不可逆的健康傷害。

我總是掛念著別人，卻忽略該照顧好自己。直到疲憊不堪的身體用各種病痛提醒我，才驚覺自己多年以來的慣性，錯得有多離譜。

最愛自己的，必須是自己。

當你健康無恙，一切都平安美好，但當你病了、倒下了，原先的生活圈或許會出現短暫的騷亂，但很快地，工作可以找到替補的新手、事務會有其他人延續進行。

在職場上，任何人都可以被取代。失去了你，世界依然如常運行。

好好照顧自己，為了真正愛你的那些人，也為了這世上獨一無二的，你自己。

02 謝謝曾經努力過的自己

失敗的時候，你會生自己的氣嗎？怪自己不夠努力、沒有更積極想方設法，沒有讓事情變成理想中的模樣。

但其實有太多的事情，都不是努力就能解決。

從小深信「人定勝天」的我，一直試圖付出比別人更多的努力，逆轉原生家庭帶給我的種種劣勢。但隨著一次又一次的挫折到來，我從一開始的痛苦自責、耿耿於懷，到後來逐漸學會放下，就算全心全意付出了，也有可能迎來最慘烈的結局。

就像我的婚姻。

我在女兒兩歲半時離婚。過程是平靜的，開車送女兒到托嬰中心後，我與孩子的爸爸在戶政事務所門口碰面，抽了號碼牌，兩人並肩坐在等候區。當燈號閃爍，我們一起走向窗口落坐，承辦人員微笑：「請問今天要辦理什麼業務呢？」

「我們要離婚。」

對於人生，我有自己的打算

我是在三十三歲那年認識我前夫的。

那年我在一家社會企業擔任總經理，協助庇護工場、偏鄉或弱勢團體生產的商品做行銷。同時也在南投竹山主持一個由在地婦女組成的工作坊，教導他們善用當地食材烘焙餅乾、蛋糕，透過網路宣傳銷售，解決婦女在偏鄉難以獲得收入的問題。我將所有的時間投入在工作裡，享受被需要的感覺，喜歡自己的工作能夠助人，同時獲得滿滿成就感。

在第一段因爲家境背景差異、不斷被訂婚對象嫌棄而取消婚約的經驗後，我的感情世界沉寂好長一段時間。早在先前，我就聽過長輩告誡「跟家世背景落差太大的人交往，不會有好結果」，但看了又寫了許多言情小說的我，更情願相信只要找到對的人，所有困難都能迎刃而解。

那年差點結成的婚算是個警訊，要與另一個人牽手走一生，必須觀察、考量的事情，絕對不單單只是那人本身的各種條件而已。

對女生來說，三十歲是個檻。身心邁入成熟狀態的同時，也開始花更多時間思考自己的人生。二十來歲時只顧著工作、與朋友聚會吃喝，但隨著年齡增長，越來越多人走入婚姻、生兒育女。還沒結婚的女生很難不被這些現象影響，總在一場又一場的喜酒邀約間，對自己未來的規畫感到徬徨不安。

家裡狀況一直與眾不同的我，居然在此時感覺到無比的自由。比起身邊頻頻被家人催婚的女生朋友們，我家人的聲響顯得如此微弱、對我完全不造成絲毫干擾。媽媽雖然也會在電話中關心我的交友狀態，但我們彼此都明白：**對於人生，我有自己的打算**。

「妳不嫁的話，以後老了誰跟妳作伴？」媽媽沒事就會這樣問我。

「但是妳也知道，萬一嫁錯對象了，比沒嫁還糟糕……」通常我這樣回答完，話題就會在彼此心照不宣的情況下結束。

在過去種種磨難中，我讓自己活得越來越獨立而強韌，結婚與否，卻還是在我三十歲前後那幾年，最常反覆思考的事情：到底要把重心完全放在工作上，專心發展事業，還是要多認識人，試著尋找適合的另一半，步入家庭生活呢？

而老天爺最喜歡出其不意地，送來意外。

一通從醫院打來的電話，再次打亂原本的規畫

那年，透過朋友的引薦，我認識前夫Y。碰面的地點在迪化街的一幢百年街屋內，稍稍幽暗的室內擺設木製桌椅，牆上掛著郭雪湖著名的畫作《南街殷賑》，鮮麗色彩描繪著大稻埕霞海城隍廟口節慶熱鬧的景象。

朋友說，Y一直在找人協助老屋新生的工作，希望將他們家族的百年祖厝妥善修繕、整理開放，讓更多人領會從清末到日據、民國這段時間，臺灣人如何在大環境的變遷中求生存。迪化街整排街屋多半還保留著原始的風貌，Y的家族成員們雖然都已各自前往不同領域發展，卻一直期待祖厝能重新打開大門、迎接所有親友，重回百年前的繁榮時光。

這個開場介紹實在太迷人，以至於當Y開始介紹他的家族歷史與目前祖厝整建進度時，我都用一種自帶濾鏡的欣賞目光看著他。

老屋是個看似浪漫、整建起來卻無比棘手的題目，除了硬體本身因歲月有腐蝕蟲蛀、結構不穩的問題外，爲了供大眾參觀，而需要符合的消防逃生相關法規更是細瑣複雜。從美國返臺接手家族事物的Y尤其不熟悉公部門的運作協調，我當場就答應接下這個案子的顧問職，找來年輕一代的建築師與室內設計師、企畫團隊，規畫將百年米糧行重新開張的籌備事項。

我沒有預料到的是，在工程進行到了第二個月的時候，Y開始追求我。

Y比我小三歲，連身形也比我小一號，在合作的過程中，我看待他的視角一直是姐姐看顧弟弟的狀態。因此，當Y開始頻繁地傳訊息給我，約吃飯、約看展覽，我才意識到，這個男生正努力拉近與我之間的距離。

工作的時候，若是混入了男女感情，往往會弄成難以收尾的窘境。這類事情我是有過經驗的，因此一發現Y步步向我靠近的意圖，我便開始極力閃躲。過去曾經將私人感情與事業攪在一起，導致事業歸零、重新來過的我，再也不想重蹈覆轍。

然而，一通從醫院打來的電話，再次打亂我原本的規畫。

那是亞東醫院婦產科的來電。那時我人在工地，轟隆隆的聲響環繞，根本聽不見手機鈴響。待我拿起手機時，螢幕上已累積了三通未接來電，來自同一個號碼。回撥過去時，對方在確認我的名字後，只請我盡快回診，越快越好。

生過病的人最害怕的，無非是像這樣來自醫院、不把話說明白的來電。我們都清楚，不在通話間將狀況說清楚，往往意味著事態嚴重。

我罹患子宮頸癌……

不敢拖延的我，翌日就請假到醫院報到。進到診間，醫師翻看我的病歷，抽出一張檢查單：「陳小姐，妳幾週前在我們這邊做的子宮頸抹片檢查報告出來了，有異常的狀況，但抹片誤差值可能是比較大的，建議妳再做一個大切片送化驗，好嗎？」

我怎麼能說不好？在毫無心理準備的情況下，我躺上診療床、忍著痛，讓醫師用內診工具在身體深處剜下一小塊組織。離開醫院時，心裡沉甸甸地帶著恐慌。兩年前的腫瘤手術記憶猶新，我還以爲自己已經遠離這些病痛了。

三天後，最不想看見的來電號碼再次出現在手機螢幕上。我接起電話，一樣是簡短的吩咐：「請您盡快回醫院看報告。」我知道，這必然是壞消息。如果患者平安無事，檢查結果通常只會發簡訊通知，從醫院直接撥過來的電話，從來不是好事。

惴惴不安地再次前往醫院，這次的壞消息就非常明確了：**我罹患子宮頸癌**。

醫師說，以大切片的檢查報告來看，我的病程可能已經到二期。當務之急，是先做子宮頸錐狀切除手術，再由從切除下來的組織做進一步化驗，並且決定後續的治療方向。

醫生桌上有一本攤開的記事本，上頭是安排手術的日期紀錄。他說：「妳可以先回去跟家人商量，再打電話來約診……」

「不用商量了，我現在就決定日期。」我打斷醫師的話，直接預約一個最快的日子。跟誰商量呢？誰又能幫我做主，爲我的人生負責？我不想爲了東聽一句、西聽一句他人的建議，反而延誤治療的時機。

在離開診間前，我還是忍不住問了醫師：「我每年都有做子宮頸抹片檢查，每年都是正常的。怎麼會今年就……就變成癌症了呢？」

醫師看著我的眼光裡面，有著哀憐：「一般來說，抹片檢查的誤差值還是比較大的。另外也有一種可能，叫做跳躍性病變，一般人三到五年的病程，也會有患者在幾個月內就發生，通常是患者的免疫力比較差的緣故……」

手裡抓著健保卡與手術預約單，我走到醫院廊道上的長椅前，呆呆地坐下，不知道可以打電話給誰訴說這個壞消息。最後，我哭了出來，在孤單的醫院長廊間，哭了好久好久。

這次，我一樣沒有告知家人，面對與生死有關的難題，我更想自己冷靜處理，**任何人的情緒對我來說，都是我不想負荷的壓力。**

比過去遇到的任何人，都還更值得信賴的戀愛對象

社會企業的工作請好假、南投竹山的工作坊也委請資深夥伴照看，我告訴Y自己病了、必須動手術的事情，所以祖厝的案子會請另一位同仁代替我協調。Y十分關切地問了我好多細節，最後毛遂自薦地說他願意陪我去開刀。

原來Y也是病友，前幾年動過胸腔腫瘤的大手術，術後肺部塌陷，復健了好長一段時間才恢復成現在的狀況。

「我陪妳去開刀吧，我是過來人啊。」Y笑得倒是很燦爛。「妳自己在臺北，又沒有人照顧妳，至少開刀的時候，讓我幫點忙吧！」Y說到做到，開刀那日，幫我打點入院的所有手續，當手術完成，我在恢復室一睜開眼睛，就看見Y在一旁，溫和地笑著：「醫生說手術很順利，下禮拜再回診看報告。」

出院後，我發現Y幫我訂好一整個月的客製化術後營養餐。我知道這種特殊餐食價格昂貴，Y卻堅持不讓我取消送餐服務。他說，開完刀的人最需要蛋白質補充，與其亂吃亂補，不如交給專業打理。「畢竟妳在臺北沒有家人，誰照顧妳、讓妳吃得好一些呢？」

我幾乎要哭出來。看著Y，想起上一次卵巢腫瘤手術後，孤單回到臺北，只能隨便用自助餐裹腹的自己。

就在這一刻，這個一直以來被我視爲小弟弟的男生，在我眼裡比歷年來的任何戀愛對象，更值得信賴。

「我們要不要結婚？」

一週後的檢查報告是好消息。這次手術將我的子宮頸所有病變區域都完整切除掉了，醫生說是原位癌、沒有擴散，只要定期追蹤就好，但他也提醒我，子宮頸癌是與免疫力息息相關的疾病，希望我好好照顧身體，不要過度勞累，才能避免之後復發的可能性。

辭掉原本的總經理工作、竹山的工作坊也交給朋友管理，手上剩幾個還沒結案的顧問案件，我認眞思考未來的方向。第一次腫瘤開刀沒讓我學乖，以爲拿掉良性腫瘤，就能與其他同事朋友一樣，繼續將精力投注在熱愛的事務中。

這次罹癌的經驗卻讓我領悟到，每個人的身體狀況各自不同。有人可以瘋狂加班、在混亂的時差中飛到各國出差，或許他很幸運，身體條件本就優於他人，但也或許這些損傷只是默默躲在他的身體深處，安靜地累積成一場大病。而我，在三十多歲這幾年就大病兩場，在中年最適合衝刺事業的時間段裡，被迫抉擇接下來的人生路該怎麼走。

Y卻在此時，提出一個出乎我想像的提議。

「我們要不要結婚？」

他提起這件事的地點，在大賣場的美食街裡，一個無比荒謬的場景。身邊小孩吵鬧著不要吃烏龍麵、家長皺著眉頭大聲斥罵，遠處廣播聲響說明本週特價商品即將進行限時搶購……我以為我聽錯了，但Y的表情非常認真。

「我是想，如果妳也喜歡我，我們可以趕快去登記。我怕時間拖久比較麻煩……」原來Y擔心我接受過卵巢手術，又剛經歷子宮頸癌開刀的事情，一旦傳進他家人耳裡，我們之間絕對再無可能。我想起Y的父親，在剛接案時，與我們一起開過幾次會，是典型的海派臺式生意人。在地大家族如何能接受一個頻頻在婦科方面出狀況，還出身清寒家庭的媳婦？

更何況我與Y之間，交往時間只有短短兩個月，要說認識，實在太表淺。雖然感謝他在我病後這段日子的照顧，但結婚這件事情實在太重大了——對我來說，那是一輩子的事呀！

當下我毫不猶豫地拒絕了Y。他卻不死心地持續向我遊說結婚的好處。

這實在是太戲劇化了，一個年紀比我小的世家子弟，居然追我這個大齡又身體差的姐姐，最後我真的被他的鍥而不捨磨到不耐煩：「你一直催著要結婚，那麼急的話，要不要去找其他也超想結婚的對象？我沒辦法那麼快下決定，拜託你不要再提這件事情了吧。」

Y沒有被我潑過去的這盆冷水影響，反而在我身旁坐下，認眞無比地說出他的想法：「我是覺得，交往的時間長短不重要，畢竟我們有一起工作過，價觀什麼的我感覺都是合的。重要的是，我想要有個家，妳不是也一樣嗎？像妳之前生病，沒有人陪妳面對，也沒有人能在術後照顧妳。我們結婚，從此照顧彼此吧！」

Y告訴我，他看似風光的家庭，其實早就支離破碎。長年外遇的父親一直在外頭有小老婆，從Y小學開始，家裡就總是上演父母互相追打的戲碼，甚至在除夕夜家族聚餐時，母親還會趁機在一干親戚面前拿父親的風流帳公審他。

因丈夫背棄而痛苦不堪的母親，只能轉而向孩子們發洩她的不甘與怨恨，最後，家裡所有孩子都逃離充滿負能量的家，只剩下Y因著對祖先基業的堅持，才留在臺灣。

最後，Y這段情深意切的話打動了我：「我希望回家的時候，有個可以好好說話的人，一起分享生活裡的酸甜苦辣。有困難一起解決、有高興的事一起慶祝。家不就應該是這麼單純又溫暖的地方嗎？」

或許是因爲病後的心理脆弱，或是我眞的孤單太久，渴望有個自己的家。在沒有求婚驚喜、沒有花束大餐，只有理性對談的情況下，我答應了Y的提議。

沒有乾柴烈火的熱情，也沒有愛情長跑關係奠基，我們的婚姻像是一種依存關係，期待湊在一起生活的兩個人，可以過得比孤軍奮戰的過去更好些。

從那天起，我放下「一切都要靠自己」的信念，一心成爲Y身邊的助力。

我相信，Y的背景有世代承襲下來的資產，只要我好好支持他、協助他把事業打點好，我的婚姻就能與父母的悲劇大大不同。更何況，這個男人親口告訴我，他想要一個溫暖的家。

一個愛家的男人，不就是我一直期待的對象嗎？

捲入繼承權的明爭暗鬥之中

然而，即使Y渴望擁有一個健全的家庭，卻還是難以擺脫上一代的各種影響。

爲了避開紛擾，我們沒有舉行婚宴，只到戶政事務所簡單登記，再到關島舉辦一場招待親友的婚禮。婚後，他繼續在家族企業裡任職，我則將手上的專案都結束之後，專心管理祖厝開業的籌備工作。隨著我接觸的家族事務增多，各種紛擾開始往我身上湧過來，麻煩的是，身爲媳婦的我，總落在雙面不是人的尷尬中，怎麼做都錯。

這些事情，包括婆婆與小老婆之間的勾心鬥角，以及各房親戚對祖厝事務主導權的搶奪，雪上加霜的是，我成爲家族爭產的箭靶。這個曾經執掌臺灣大宗農作物出口生意的家族，家產不僅僅是迪化街的老房子，在其他地方還有公寓、土地等產權，表面上看起來友愛的手足們，其實早已爲了繼承權明爭暗鬥。

在我正式進入家族體系之前，Y不曾透露家人這些檯面下的鬥爭。他是個極不世故的人，個性單純，甚至帶點天眞。我一直以爲長年在商場上打滾的自己，對人性應對的熟稔，應當足以彌補他的缺點。但職場上的鬥爭，相較於家族血緣間的較勁，是完全不同的屬性。

最後擊垮我的，是Y的父親。

他在聽聞我精明幹練，恐怕會在背後指點Y謀奪家產的種種耳語後，藉著一次聚餐的機會，一派輕鬆地問我，要不要簽放棄財產聲明書，**向所有人證明我沒有私心**。

而我的丈夫，那個沒有心機、不善應對的男子，自始自終，都維持著手足無措的無辜姿態，告訴我：「我也不知道該怎麼辦。」

因爲病過，所以對於生命的看法更加具體

離婚是我主動向Y提出的。我不願意簽署所謂的「放棄財產聲明書」，即使律師朋友再三向我保證，那是一張毫無法律效力的廢紙，我不需要放在心上，然而，卡在我心上的哪裡是那張紙？**是自己做牛做馬之後，卻被曲解成一心爭產的心寒**。

正式離婚前的農曆年，我沒有出席Y家的年夜飯場合，而是自己待在租來的小套房裡。任憑手機裡頭Y的父親傳來各種軟硬兼施的訊息，我只將手機調爲無聲模式，再爲自己倒一杯水果酒，配著窗外鄰里間熱鬧過年的喧囂聲，度過自己

獨處的除夕夜。

我以爲溫和的丈夫能與我共度一生，美滿的婚姻，是女人最值得驕傲的功勳之一吧？Y家不願意丟臉，兒子離婚這件事情絕不光采，如果我硬著脾氣，在家族裡頭耗下去，維繫住婚姻不會是難事，只要我願意花心思去鬥、去周旋。

但我不願意了。

我的命是撿回來的，兩次開刀、罹癌的病史都在提醒我：**活著不是理所當然**。

離婚，不是因爲憎恨誰，相反地，是因爲我珍惜自己的時間。與其在泥沼裡繼續忍耐過活，爲什麼不離開？我想要把生命花費在值得的事情上，而不是在人我是非中虛度光陰。

對於離婚，我一直坦然面對。有朋友笑我，怎麼會有人把離婚說得這麼大聲？我反問他：「這是什麼丟臉的事情嗎？**我為我的生命做出選擇，不讓忍耐與妥協成為下半輩子的主題**。我想，這才是眞正勇敢的決定吧？」

生命裡的每一個決定，都不該考慮旁人的看法，畢竟最後的酸甜苦辣、後果，都只會是自己去扛。

你快樂嗎？你甘願嗎？

珍貴的人生，你要花在日復一日的忍耐當中嗎？

因爲病過，所以我對於生命的看法，變得更加具體。**活著不是理所當然**，能夠健健康康、沒有痛苦地呼吸，其實是非常奢侈的事情。

我要珍惜人生，珍惜這份得來不易的福氣，**用我的自定義，完成想要的人生**。

即使，挫折總是埋伏在努力的過程中，時不時來絆我一腳，但沒有關係，我努力過了。就算結局與我當初想像的大大不同，但一路上眞心眞意付出的我，值得一個大大的擁抱。

眞心眞意，謝謝曾經努力過的自己。

生命裡的每一個決定，
都不該考慮旁人的看法。

03 接受已經夠努力的自己

很多事情，是你用盡洪荒之力也不能克服的艱難。**努力不是所有事情的解藥**，甚至有些時候，任何方法都試盡了，也沒有人可以告訴你答案。

爲什麼終究不能如願？例如身體的健康、事業的發達，又例如，求子。

一次又一次的失敗之後，會有人責怪自己：「是不是妳哪裡做得不夠好？」「是不是妳以前做了什麼事情，導致現在的努力完全無效？」

從小被教育「人定勝天」的我們，往往把「失敗」與「不夠努力」劃上等號。失敗了，那我就更該努力、努力到成功爲止，鼓勵自己的同時，也重重地往自己身上疊加壓力。但所謂的「成功」，其實很複雜，「努力」不過是其中一個最容易被辨識的條件而已。但我們往往只看這一點，拚死拚活一定要做到最好，然後再爲了不如意的結果流淚痛苦。

不是我努力，是我眞的幸運

在求子這條路上，我遇見無數的女生：優秀、積極，在事業上是閃閃發亮的星星。她們可以三天三夜不睡覺，只爲一場表現完美的簡報，卻無法在嚴格控制所有變數的情況下，讓自己懷孕。即使每天上飛輪課、吃足量的蛋白質與無添加食物、量基礎體溫、抓準排卵期，做盡所有讓自己卵巢與子宮健康的保養，每一次的胚胎植入結果，卻依舊讓她們沮喪。

動過雙邊卵巢手術，又經歷子宮頸癌的我，原先也是被醫師判「死刑」的個案。但我卻在婚後極短的時間內就自然懷孕，生下女兒。

不是我努力，是我眞的幸運。

所以我想告訴可能正在流淚的妳，可能正不斷檢討自己，還有哪裡做得不夠好的妳：「有好多事情，不是妳的錯。」老天爺想給妳的禮物，未必如妳所預想，有沒有孩子，或許也不是妳能控制的。妳盡了力，那就足夠，至於其他的，就交給老天。

我知道這很難，畢竟我在被醫師宣告卵巢萎縮、輸卵管不通、即將進入更年期的那時，也失眠了一整個禮拜。無法入睡的我，開始瘋狂查找不孕症的所有對治方式，想在所有人告訴我不可能的情況下，尋找絲毫的希望。

所以，我想用我的故事，給妳一些安慰。

自然受孕的機率為零

在子宮頸癌的手術過後，我其實心裡有底：婦科動過兩次手術的我，要孕育孩子恐怕不太容易。但當眞正走進醫院、塡寫婚前健康檢查資料，再到診間聽醫師解說我的身體狀況時，那低得令人絕望的數值，依然重重打擊了我。

AMH值〇．二六。

醫師指著其中一項數值向我解釋：「這是卵巢卵泡的庫存量，指數高低是預測生育能力的重要指標。健康女性的數值會介於二到五之間，若數字小於二，表示卵巢功能已進入衰退狀況，而〇是停經婦女。」我無法看見醫師口罩下的表情，但他的眼光卻明顯帶著憐憫：「妳的情況，可能是因為先前的卵巢腫瘤手術導致的。看超音波，也已經找不到左邊的卵巢，判斷可能是在手術後逐漸萎縮。如果是以妳的數字來看，自然受孕幾乎是不可能的。就算做試管，估計頂多做兩次吧，因爲卵子的存量已經嚴重不足，連排卵針都不適合打。你們回去討論看看，要不要盡早開始試管療程？」

雪上加霜的是，連輸卵管攝影的結果，都顯示爲阻塞。這意味著我的卵子無法自然排往子宮腔，自然受孕的機率爲零。

先不論進行試管嬰兒療程的過程中，女性的身體要承受多少痛苦，每一次的療程費用少說也要二十來萬，是一筆我無法果斷砸下去的鉅款，更何況，從醫生的口氣聽起來，連試管成功的機率也相當微小。離開醫院的路上，我反覆盤問當時還是我男友的前夫：「怎麼辦？你也聽醫生說了，我搞不好眞的不能生喔，這樣還要結婚嗎？你爸媽會很失望吧？他們肯定無法接受要娶進來的媳婦不能生啊！」

對方的回答很明確也堅定：「我們盡快去登記，不要讓我父母知道妳的情況。登記之後努力備孕幾個月吧，如果農曆年前還是沒有消息，我們就去做試管。」

「那……如果試管之後，還是沒辦法懷孕呢？」

「到時候再說吧，現在煩惱這些太早了。」對方握著方向盤，眼光直視前方：「總之婚先結，遇到問題再處理。誰知道後面會怎麼樣呢？」

爲了及早開始「做人」，我們在婚禮細節確認清楚前，就先到戶政事務所登記結婚。那段時間我每天一睜開眼睛，就是打開電腦查找資料：高齡、如何提高受孕機率、不孕症醫師、中醫調養……甚至連網友提供的各種偏方我都先存下來了。什麼工地動土用過的金鏟子、已經懷孕的女生贈送的衛生棉「好孕棉」，以及臺灣各地知名的助孕廟宇、靈驗的註生娘娘等。

有不孕困擾的女性很多，網路論壇上滿滿的討論與資訊。我找到許多人推薦的中醫師，滿懷期待撥電話去診所預約，結果卻是一盆潑來的冷水：「XX醫師現在排定的患者都滿了喔，妳要先留下聯絡電話，可以掛號的時候我們會通知。」

那位醫師是全自費的中醫師，論壇上說看診與水藥費用，每個月通常要花費兩萬多元，我抱著破釜沉舟也要調整體質的心態想預約，結果卻是連掛號的號碼牌都拿不到。掛掉電話前，我不死心地追問：「那請問現在排預約，大概什麼時候可以看診呢？」

對方在電話那頭敲著鍵盤：「大概要一年喔，XX醫師的診眞的很滿。」但後話鋒一轉：「我們還有另一位女醫師也滿受歡迎的，要不要先來掛她的診？」

每個二十八天，變成考試成績揭曉的瞬間

以一種「死馬當活馬醫」的心情前往診所，看到牆上貼滿患者寄來的感謝信與嫩嬰照，又看到爽朗的女醫師，下一秒，我卻被醫師的評語重擊：「喔妳這個數字，很糟糕捏。年紀也比較大了，我們試試看啦，可是不要太期待好不好？我是看好很多人啦，但妳這款的我不敢保證喔，太高難度了。試試看，先調身體試試看！」

付了一萬多元現金、拎回一大袋黑濁濁的水藥，我開始過著每天喝中藥、按照生理週期以排卵試紙測量黃體素分泌，同時還要量基礎體溫做紀錄，一但發現體溫變動，就要趕快把先生抓過來「做功課」。

婦產科醫師那句**「不要浪費時間、立刻進試管療程！」**一直是我心頭的壓力。我一面擔心自己只是在做無謂的努力，一面確實也沒有豪擲千金、開始做試管嬰兒的心理準備。還能怎麼辦呢？我想到就會拿起手機查找討論區的資訊，任何號

稱能助孕的營養品全都買來吃。按照醫師建議報名飛輪課，死命運動滿頭大汗的當下，沒有腦內啡導致的振奮心情，只有沉甸甸的壓力壓在胸口，怕自己努力得不夠多，讓受孕的機會溜走。

於是每個二十八天來報到的生理期，變成了考試成績揭曉的瞬間。沾在衛生棉上的鮮血彷彿在提醒我：**「妳又失敗了，妳的努力沒有結果，loser。」**

我繼續勤勞地往返中醫診所，每回都要花上一兩個鐘頭候診，再拎著好幾公斤重的水藥回家奮戰。吃藥、運動、量體溫、查資料……努力勤奮二十八天後，再次面對自己又一次失敗的結局。

在即將與先生前往綠島員工旅遊前，我帶著排卵試紙再次回診。醫師看著我夾鏈袋中、第二條線模糊得像是沒有的試紙，跟身旁的護理師交換一個眉眼表情，笑出聲音來：「這次應該也沒有啦，啊沒關係，妳下次再努力。」

敲著電腦鍵盤輸入就診紀錄的醫師，並不明白她風趣的笑聲，對求子到幾乎否定自己的患者來說，無異於一把狠狠戳進心窩的刀。排卵狀況不好，是妳身為醫生應該取笑的事情嗎？面對過無數患者的妳，難道不能用更溫柔、更同理的態度，對待已經因為不孕而被壓力逼到幾乎滅頂的患者嗎？

但身爲人生勝利組的醫師，只是愉快地敲擊她的鍵盤，一面轉頭跟護理師商量晚餐要叫雞腿便當還是排骨，再將健保卡遞給我。我拖著腳步、萬分屈辱地離開診間，眼淚始終含在眼眶裡頭，沒有滑落。

綠島的風景很美。大海的藍與天空的藍都格外明亮，我們騎著電動車在島上環繞一圈又一圈，在海邊吹風、放空。那幾天，我短暫地將所有與求子相關的事情都拋在腦後，不去想以後該怎麼辦，只專心看著眼前的美麗，閉起眼睛，感受久違的放鬆。

而我的基礎體溫，居然從綠島旅行那時開始，一直保持在高點、沒有向下墜。

十來天後，我緊張無比地買來驗孕棒，不敢置信地確認我懷孕的事實。

這個孩子，就是現在已經六歲的，我的女兒。

接受不完美，

接受已經夠努力的自己。

接受無常人生中，每一段來到生命中的遭遇

經歷孕期妊娠劇吐症住院一週、出血臥床等等苦難，這個孩子健康平安地來到世上。跟朋友提起這孩子的時候，我總會開玩笑地說，她不是來報恩，就是來報仇的！跟得這麼緊，偏偏要來到被醫生說不可能懷孕的媽媽身邊，這是多麼緊密的緣分！

終於孕育了一個孩子的我，心裡卻清清楚楚知道：**這不是因為努力，而是幸運，或是命**。

醫生說「幾乎不可能受孕」的排卵週期，X光片上阻塞的輸卵管、已經萎縮消失的左側卵巢，以及「連排卵針都不能打的試管療程」，這種種不利因素加上高齡，我卻在嘗試短短三個月後，就自然懷孕。

這是老天送給我的大禮。

但如果當年沒有成功求子，我的生命又會如何呢？在事件發生的當下，我們不可能預知到充滿變動的未來，又將開展成什麼模樣。努力求來的，自當珍惜，

但如果盡力嘗試後沒能如願，接受，或許是老天爺眞正想告訴我們的事。

一路上總想要翻轉階級、扭轉自己命運的我，總相信人定勝天，但隨著歲月與歷練的累積，我才眞正懂得：**不是努力，就能改變所有事情**。這不是輸家給自己找藉口的安慰，是眞正看透人生無常的結語。

當下的獲得或失去，並不如表現上所看到的那樣，是單純的贏了或輸掉。這不是自我安慰的雞湯，而是我在活得夠久、觀察得夠長的時間中，理解到的事情。

那年與完美夫婿結婚的女孩，最後卻成爲被背叛的失婚女子，拚盡全力進了外商，結果恰逢公司被其他資方收購；內部鬥爭連連，導致新進員工毫無學習機會，空耗三年沒有歷練……像這樣的故事，我見過好多。

但是這些看似是挫折的事件，都是在當下無法察覺、幾年後才能顯出變化的結果。

所以，還要糾結於當下的挫敗嗎？就不要再多想了吧！因爲你不會知道，幾年之後回頭，**這曾經讓你流淚的回憶，其實是一份閃閃發亮的禮物**。

接受不完美，接受已經夠努力的自己；接受無常人生中，每一段來到生命中的遭遇。

04 獨特的靈魂，有獨特的價值

在我還是個憤怒青少年的時候，每當我受了委屈，卻只能隱忍的瞬間，腦海中總會浮現一個念頭：「如果是我自己的孩子，我一定會護她周全，給她我所能提供的，最好的一切，讓她不像此刻的我這樣悲傷。」

當我眞正做了母親，初次把那一團剛洗去胎脂的小紅肉抱在懷裡，低頭看著她在我胸口輕輕蠕動，那一刻，我知道自己已不能像過去一樣，瀟灑又毫無顧忌地活著了，從今往後，我的一言一行，都會顧念我的孩子。爲她遮風擋雨，給她一個我不曾擁有過的，溫暖的家。

結果，我送給女兒的第一份大禮，居然是離婚的爸媽。

有愛的地方，就會是家

正式簽字分居前，我與前夫三天兩頭就是吵。顧忌孩子在房間裡頭睡覺，一開始總是壓低聲音互相責難，但隨著情緒逐漸沸騰，語調也很難再維持冷靜。有好幾次吵架時，回頭瞥見兩歲多的孩子縮在門縫邊，靜靜看著她那對正在互罵的父母。

我知道父母的爭吵，對童稚的孩子會造成多大的殺傷力。但走到婚姻最末段時期，我已經很難壓抑自己的憤怒與失望，也在日子流逝中體悟到「未來並不會變得更好」這個事實。我的另一半無法處理他原生家庭的議題，任憑惡意向我潑灑過來、造成傷害。

無能的丈夫、兩歲多的女兒。我困在這個家庭裡，日夜流淚苦思生命該去往何處。我也曾經想過，爲了給孩子一個完整的家庭，我能不能再忍忍？但忍著忍著，我就要老了啊！會不會有一天、當我驚覺自己已在忍耐中蹉跎掉最精華的人生，我會不會也開始憎恨自己、憎恨所有人？

最後讓我決定離婚的關鍵是，**我想起我的父母**。

我的父母一直維持著婚姻關係，離婚從來不是他們人生中的選項。家裡經濟最窘困的那段時間，有次我下課回到家，發現客廳一片漆黑，我的父母則像一對安靜的貓頭鷹，棲息在沙發上，無聲無息。「省電，反正沒有要做什麼，燈就不開了。」我的母親如此解釋著。

我的童年回憶裡，不缺父親與母親，缺的是愛。

勉強將自己拘束在婚姻裡，或許孩子獲得的是戶口名簿上的兩個名字，但我知道，我無法讓自己打從心底開心地生活。孩子如小動物一般敏感，她會察覺母親臉上的笑很僵，也會在夜裡睡到一半，聽見父母刻意壓低爭吵的聲響。

我的命，是兩次開刀後撿回來的，不該浪費在忍耐上。與其將自己塞在不愉快的婚姻中，不如打破這層束縛，坦然面對殘缺。是的，離婚讓孩子沒有一個完整的家庭，但我可以給她一個快樂又有力量的媽媽。

有愛的地方，就會是家。

一切看似平順美好，直到那些脫軌行為的出現

離婚後，我帶著女兒離開臺北，回臺南生活。一方面南部生活費低些，二方面我的父母可以偶爾幫我照顧孩子。我得賺錢養活我們母女，待在沒有後援的臺北，只會把自己的健康賠掉。幸運地，我談成一個中國的臺商企業顧問案，每個月只有五天需要飛深圳或上海，其他時間待在臺南遠端工作即可，費用優渥，足以供我跟孩子在臺南過著吃住不愁的生活。

我為女兒找到一所歷史悠久的幼兒園，裡頭的老師年資深、經驗足，由於是中學附設小學，校地空間廣闊，有大操場、籃球場，周遭滿植各種果樹、相思樹，孩子們的課程內容包含撿拾樹果、辨識種籽以及種植蔬菜。女兒熱愛這個幼兒園，每回我要到學校接她下課，總要耐心等她再去拾一些樹果、多玩一陣子球才願意離開學校。夏季時，她還會將落在樹下的雞蛋花拾起來，一朵一朵分送給來接孩子的媽媽。

一切看似平順美好。但隨著女兒的年紀漸增，原本可愛活潑的小娃娃，開始在上課時出現各種脫軌行為。

像是無法在老師上課時乖乖坐好、午睡時不像其他同學一樣躺著閉上眼睛，而是在老師不注意時爬起來，逗弄身邊熟睡的同學們。女兒也極愛講話，嘰哩呱啦說個不停，有一次導師得趁孩子們午睡時外出採購文具，實在無法鎮壓我那位又起床作亂的女兒，只得將她拎到園長辦公室，請園長看顧。當老師買好東西回到校園內時，園長極為感慨地告訴老師：「這個小朋友，眞的話很多。」

一開始，這些行爲搭配女兒萌萌的長相，都能被視爲愛搗蛋的古靈精怪。但隨著她日漸長大，有些脫序的行爲開始變得鮮明，例如事情不順她的意時，會極端誇張地哭鬧叫喊，時間可持續將近一小時之久，甚至開始動手拉扯、拍打大人。

孩子才三歲多，這些發怒的行爲，到底只是不懂事的行爲、還是反映出身心狀況的跡象？

當幼稚園老師聯繫我，希望我到校跟她們聊一聊的時候，就知道，老師們或許也觀察到什麼了。

搶同學玩具、無法安靜聽課、午睡一定會爬起來捉弄同學，這幾件事聽起來都還只是淘氣孩子的行徑，但眞正讓老師找我來商量的原因是，女兒開始出現情緒躁動、無法冷靜的狀況。老師說，當戶外遊憩時間結束，小朋友必須回教室時，女兒會用盡全力抵抗。就算回到教室內，她也會尖叫哭嚎，然後瘋狂地跺腳踩跳，數十分鐘都不會停下來。

「不只是一般的蹦蹦跳跳喔，是跳起來，再用力猛踩地板，然後一面大叫『我、就、是、要！』」

老師併攏雙足、模仿女兒的行爲。看在我眼裡，是再熟悉不過的畫面，內心頓時湧起無力感以及對老師的抱歉：「對，她在家裡也會這樣……」一直在幼稚園內任教的老師安慰我，孩子現在還小，只要家長與老師有共識，一起共同調整校內紀律、家庭常規，就能讓孩子學會正向的溝通模式。老師也建議我，等孩子稍微大一些，可以到兒童身心科掛號做個檢測。她看過太多孩子的狀況，知道我女兒可能有過動傾向：「但是媽媽不用擔心，重要的是家長願意配合，孩子的行爲都是可以被矯正過來的。」

面對哭鬧的孩子，我更懂得要先照顧好自己

從那天開始，我進入與孩子纏鬥的階段。感謝早年遭遇家暴的經驗，因爲記

得情緒失控的父親曾經如何傷害我，即使孩子哭吼到歇斯底里的狀態，我依舊能平心靜氣地目視她、語氣不帶情緒地提醒：「妳這樣哭哭鬧鬧，我聽不懂妳說什麼喔，可以等妳哭完再跟我說嗎？」「點心吃完了就沒有了喔，哭哭鬧鬧也不會有喔。」

爲了不造成旁人的困擾，那段時間我極少帶孩子外出，通常在下課後直接回家，然後花一整個晚上的時間，與情緒爆掉的女兒對峙。我不會爲了安撫她的怒氣而妥協，也不會因爲這魔音穿腦的高頻哭鬧聲，讓自己的情緒跟著垮掉，暴怒毆打孩子出氣之後，再沒完沒了地懊惱自己的失控。

最慶幸的是，我不與父母同住，更不會有公婆或小姑的介入干擾。教養孩子，最怕的就是他人插手，干擾教養者千辛萬苦樹立起的遊戲規則。女兒的哭鬧聲響亮又淒慘，還會捶打牆壁與房門，也幸好我居住的地方相對空曠，沒有相鄰的住家，否則任誰都受不了這令人精神衰弱的孩童哭聲吧？

不願意逃避現實、寧願直球面對的媽媽——我，確實也在調整女兒溝通模式的過程中，承受巨大的壓力。這到底是幸還是不幸？我想，這令人疲憊的日常，比起過去每一個生命階段所遭遇的苦難，也算不了什麼吧？

而且我更懂得，**要先照顧好自己**。

令人挫折又憤怒的夜晚過去，當女兒終於上床安睡，我會打開冰箱，把白天就買好的蛋糕拿出來，配一杯鮮奶茶，慢慢吃掉。這像是一種儀式，我需要安靜的獨處時光，更需要一點甜，慰勞犒賞精疲力盡的自己。如此，當明日的太陽再度升起，我才有足夠氣力，面對不知道又要出什麼難題考我的女兒。

而一切的努力付出，終究不會白費。雖然每日的耗損令人心累，但每一天微小的進步積累下來，便慢慢化成眾人都感覺得到的改變——女兒四歲多，升上中班那年，已經能讓自己在發脾氣之前，先好好問大人問題，再用和緩方式表達情緒。當她要不到玩具，想要開始發脾氣時，我就會問她：「妳想要哭哭鬧鬧嗎？老師說哭哭鬧鬧的小朋友怎麼樣？」

「……哭哭沒有用。」一臉不甘心地，將這句老師每天反覆叨唸給她聽的話說出來。像一句咒語，卸掉她蘊釀中的怒意。

「請媽媽幫我準備尿布跟奶嘴。」

看似逐漸步入坦途的母女生活，卻又在此時遇到不可預料的危機。新冠肺炎在中國開始蔓延，從武漢開始往上海擴散，我無法再飛到中國的工廠工作。幾個月後，中國方告知我疫情險峻，他們的品牌發展也必須暫停，雖然遺憾，但必須與我終止合作。

失去這份品牌顧問的工作，意味著失去我的日常收入。我試著在臺南找尋任何工作機會，卻因為城市產業特性與疫情造成的經濟不確定因素，遲遲沒有進展，最後終於找到願意雇用我的職缺，可是工作地點在北部。我一面焦慮著日漸降低的存款水位，一面煩惱該如何獨自帶孩子到北部就職，還要兼顧她的幼兒園接送與照顧。此時，孩子的爸爸聯繫了我。

一樣是因為新冠肺炎的緣故，過去兩年一直在東南亞工廠駐點的他，在此時返回臺灣長居。他說，畢竟人在家族企業裡，要照顧孩子、接送什麼的彈性都好安排，不比我在別人公司裡領薪水，處處受限。再者，他也想彌補過去不曾與孩子相處而錯失的時光，因此提議女兒的照料由他接手，我就專心在職涯上施力，重新將收入管道建立回來。

猶豫了幾週，我便答應了。孩子的爸爸一直是個戀家的人，女兒在他身邊，應當也能被好好照顧吧？

送女兒與前夫上高鐵那天，女兒在月臺上緊緊抱住我，像隻攀住尤加利樹的無尾熊，我也想哭，卻不能輕易讓眼淚流下來。我撫摸她的頭髮告訴她：「寶貝，媽媽會好好努力，也會常常去臺北看妳，要乖乖聽爸爸的話喲！」

後來，我到新竹去上班。年近四十，要在空窗好幾年的臺灣職場上找位置，千辛萬苦，這是好不容易才爭取到的工作機會，前幾個月的週末都得在新竹加班，只能靠視訊與女兒說說話。某天，我注意到她臉上有一道抓痕，問她：「這是妳自己抓的嗎？」她只是傻呼呼地笑，然後甜甜地問我：「馬麻，我們什麼時候回臺南？我想要回蝴蝶家（臺南的幼稚園班級名稱）。」

一直到一通區域號碼02開頭的陌生電話撥來，我才知道，女兒在新幼稚園的適應狀況極糟。但每一、兩日就與孩子通話的我，卻一無所知。

電話那頭的聲音告訴我，她是女兒在臺北的幼稚園老師。老師的聲音裡滿是壓抑的挫折與怨懟：「媽媽不好意思打擾您，但我眞的覺得，有些情況需要跟您好好溝通。我之前有跟爸爸反應過好幾次了，但爸爸好像覺得這些事情都不重要……」接下來的一個鐘頭，我只能握著手機，聽老師用氣憤又委屈的口氣，細數我女兒的過錯。

健康檢查做聽力測驗的時候，醫師在女兒耳邊敲鐘，要求她聽到聲音就舉手。女兒卻從頭到尾不做任何反應，醫師一度以爲小孩有聽力障礙；早上跳健康操的時候，任憑老師怎麼催促要求，女兒都像一根火柴棒一樣呆立原地，無視身邊所有同學都乖乖跟著拍子跳躍、轉圈。

最後，是我毫不意外的紀律問題。老師說女兒午覺不睡，會一直爬起來騷擾身邊的同學、上課不停打斷老師發言。玩耍時間結束了，同學都已經乖乖回到座位上，只有女兒一人繼續疊積木，像聽不見老師的聲音一樣，自顧自地玩耍，不理睬任何人。

最後老師說：「媽媽，如果妳也認同我的教育方式，**請幫我準備尿布跟奶嘴。**」

「蛤？」我驚呆。

「如果妹妹再不聽話，我就幫她包尿布、讓她吃奶嘴給同學看，讓她知道，不聽老師話的是小寶寶，不能來上中班。」

聽完老師整整一個鐘頭的抱怨，又是道歉又是安撫的我，才弄懂老師的情緒從何而來。原來，一開始發現女兒紀律欠佳時，就試著在前夫接女兒下課時，與他溝通孩子在園內的各種大小狀況。但是，前夫心不在焉的態度讓她加倍沮喪。

「爸爸好像沒有在聽我講話。」老師描述著：「他是不是覺得這些事情都無所謂？每次我講到一半，就會發現他沒有在聽。溝通了幾次，小朋友的情況也沒有任何改變，我眞的是不知道該怎麼辦耶！所以，今天才會打電話給媽媽……」

對他人情緒不敏感，或許是一種保護色吧？

那週我直接請假，到臺北帶女兒去醫院身心科做檢查。和藹的醫師伯伯遞畫筆鼓勵女兒畫畫、一面觀察，他說她確實有過動的症狀，於是安排治療師評估。

拿到報告時，上面的量表指數顯示：**過動症個案**，症狀主要集中在注意力缺失。醫師說，孩子年紀小，先透過課程改善行爲，不用服藥也先不需申請早療。透過父母有意識的陪伴、引導及課程鍛鍊，就有機會大幅改善，半年後再回診觀察狀況即可。我將報告提供給女兒的老師看，老師的態度像是有些鬆動，卻依舊強硬地回覆我：「這是很輕微的症狀，孩子必須得學會團體常規。」我懂老師日日面對吵鬧搗蛋幼兒的疲憊心情，但當週末女兒跟我同住，聽她用絨毛娃娃辦家家酒時說出來的對白，不免心疼：**「妳！去外面罰站！」「妳不可以念中班，妳很壞，妳是小寶寶，去念小班！」**

我問過女兒，幫她換學校好不好。女兒搖頭，用她有限的語彙表達意見：「我已經有很多朋友，不需要更多朋友了。」

從因爲父母離婚，跟著我搬到臺南，又因爲疫情而跟著爸爸回臺北，除了環境的改變，還有主要照顧者的更換。這些變動太過密集，或許已經讓孩子有了不安全感，到新幼兒園入學時，拒絕與任何人對話，只沉默地站在原地的她，或許就是在用自己的方式抗議著，她不樂意。

過動症的孩子，對他人情緒不敏感，或許這也是一種保護色吧？他人的嫌惡，在孩子的感知裡並不存在。我擔心老師的嚴厲與情緒會對她造成壓力，於是又問她：「那妳喜歡老師嗎？」

「喜歡呀。」她傻呼呼地笑，絲毫不覺得每天被叫去罰站的她，是不被喜歡的人。

爲了趕緊讓孩子能融入群體常規，我遵循醫師的建議，用游泳課鍛鍊孩子的動態專注，再參加繪畫課培養靜態專注。其他時候，我陪孩子大量地聊天，透過繪本、說故事的方法，引導同理心發展，讓她理解他人的感受。表現好時給予立即的鼓勵、言行失措時嚴肅糾正但不責打。這兩年就這樣磨啊磨地，總算平安度過幼稚園階段。憂心她到一般小學會適應不良，我查找各種資料，最後選定了一所學風活潑的公立實驗小學。說明會當天，我牽著孩子的手，看老師帶我們逛學校裡的實習超市、小小醫院，還有童話屋一般的圖書館。最後，女兒以連跑兩圈操場表達她的興奮。我捧著她紅通通的臉頰，爲她拭去額頭的汗水：「寶貝，妳喜歡這個學校嗎？」

「喜歡！」女兒用力點點頭，給我一個用力的擁抱。

眞心眞意因爲自己能誕生在這個世上，而感到幸福

開始發現女兒與眾不同的狀況，一直到前往醫院評估的那時，我內心都還抱

持著僥倖的期待，希望診斷結果告訴我，這孩子只是淘氣活潑，我不必擔憂，她很好。知道並接受她的過動狀況後，我捨下許多對她的期待，或者應該說，**放下試圖彌補我童年錯失的期待**。

掛念自己孩提時代的匱乏，我總想著要給孩子充足資源，像是早早開始學小提琴，或確保她將來有出國念書的預算。但當我理解到，**每個孩子有全然不同的人生課題**，我養育的這個孩子，需要的不是豐沛的教育資源，反而是家人的理解、陪伴與引導之後，我終於能夠釋懷。

我不需要把孩子栽培成優等生，但期許她成為一個熱愛生命的人。

熱愛自己一生奉獻的志業，或是因爲自己創造出來的價值而驕傲，眞心眞意因爲自己能誕生在這個世上，而感到幸福。

我的孩子，有獨特的靈魂。或許在陪伴她成長的過程中，必須共同面對許多艱難。但現在的我樂觀地相信著，我只需要陪伴她找到熱情之所在，所有困難，就會都只是過程，而不是阻礙。**不必符合任何人的期待，用自己的定義，興高采烈地活在這世界上**，這是我這個做媽媽的，對孩子最深切，也最美麗的祝福。

05 我的人生，不必用來取悅誰

孩提時代，在困頓的家境中，我立志要逆轉自己的出身，過上令人豔羨的好日子。接下來的數十年，我用盡所有力氣，只爲了達成這個目標。過程中跌跌撞撞，眼淚流了不知多少，總是在撞得一頭血之後，自己站起來擦擦眼淚，繼續想辦法向前行。

有人問過我：「爲什麼這麼勇敢？難道沒有想過要放棄嗎？」我說：「我從來就不是勇敢的人。相反地，我很懦弱。害怕面對選擇放棄之後的人生。想起一旦在這裡撒手了，接下來的日子，就是無窮無盡的忍耐與妥協……我無法接受必須麻痺自己才能度過的人生。」

但看似勇敢的我，卻爲了一個假議題，在前半生死命掙扎、用力、受傷。這個困住我半生的假議題就是：**我想讓別人開心**。

我以為讓父母驕傲、讓老師喜歡、讓上司覺得我好用、讓公婆覺得我賢慧……這些旁人對我讚許的力量，就足以支撐我的人生，在他人對我的喜愛當中，順順地過上好日子。

窮盡所有力量，討好別人的我，最後在極度不快樂的身心狀態中，保不了外商經理人的頭銜，也端不好豪門的飯碗。

被迫放棄我機關算盡也要圖謀的未來，不得不捨棄所有世俗定義的「成功」之後，我才在他人看似殘破不堪的困境裡，一步一步，走出眞正屬於自己的路。

當我歷經癌症、結婚後離婚、必須重新回到職場才能養活孩子，我打開我的臉書，想查找任何能夠拉我一把的人脈。這時才驚覺，有不少人已經解除我們之間的好友關係。

對他們來說，不再居公司高位或身在豪門的我，不啻於社會性死亡吧？不再有利用價值的人，占著臉書好友名額，是浪費了。

那天我沒有哭，只是冷靜地看著自己的手機，關上螢幕，閉起眼睛想著，再怎麼努力，我總是不能讓所有人肯定自己的。只是話說回來，**我又何必把時間浪費在討好別人身上呢**？

從現在起，我要把時間跟精力都收回來，放回自己身上。

開始相信自己能活出獨一無二的價值

離開臺灣職場好幾年的我，重新謀職最大的困境是**年齡**。

就像一旦離開外商圈就難以重新進入，女性因爲婚姻育兒離開職場後，想重新就職，通常很難談到婚前的待遇與職位。求職那年，有人建議我去當餐廳的外場服務人員或去做直銷，老實說，在這段過程中，我不只一次懷疑並否定自己，那是一段極度難熬又難堪的時光。

最後我終於拿到一個職稱看似光鮮體面的工作，薪資卻比我出社會第一年還少。就職當日，人資在我塡寫入職資料表時，直接了當地告知我，不管薪水多少，這間公司的勞健保最高只幫員工投保三萬元額度。這當然是違法反勞基法的行爲，但我當下除了忍耐，別無他法。

要談正義、談改變社會，要先有不怕被餓死的底氣。我在那家公司蹲了約莫一年，透過幾個專案重新將斷掉的人脈接上，爲了職涯發展，也爲了更常與女兒碰面，我遷回臺北，靠著前一年的工作成績，談到一份薪資好但工時極長的工作。

我原本就是個習慣高強度工作的人，卻忘記現在的身體已經與十年前的狀況大不相同，當我發現咽喉處有奇怪的異物感，吃喉糖、用藥房買來的喉嚨噴劑都無法改善的時候，我總算願意乖乖到診所去掛號。

「妳的喉嚨有一塊潰瘍，差不多小指頭大。通常是因爲太累或是吃什麼刺激的東西引起的。」醫師一面幫我在潰瘍處擦藥，一面解釋：「這個會自己癒合，就算妳沒來看診，大概過一兩週就好了。」

「但是，我這個狀況已經差不多兩個月了。」我悶著聲音回答。

無法癒合的潰瘍，用傷口的疼痛提醒我：因過度勞累而日漸下降的免疫力，正在我體內醞釀一場不樂見的變化。

在高度競爭的公司環境裡，我重新獲得讓人憧憬的頭銜，卻也再次失去健康的底氣。這回我沒有太多猶豫、不再貪戀外界評價與光環，向董事會遞了辭呈，憑藉著手邊幾個創業育成組織的委託案，從零開始，創辦自己的顧問公司。

這次，我沒有打算把公司做大、不願再讓自己的生活被工作占據。我應地方創生組織邀約，到花蓮鄉間講課，教種植稻米與可可樹的農人們如何透過社群網路進行銷售，協助苦無營運資本的新創公司做天使輪的資金籌措，又到各個鼓勵年輕人創業的孵化器去演講，教大家如何在美好的理想與殘酷的現實間平衡。

我毫不隱晦地揭露自己的成長故事，希望大家從我吃過的苦頭當中汲取養分，開始相信自己能活出獨一無二的價值。

在一雙雙迷惘的眼睛裡頭，我看見他們因爲我的激勵與引導、再次燃起信心，重新相信**即使現實生活中荊棘滿布，自己的人生，依然可以由自己決定**。

我終於能做到澈底擺脫那些從他人角度投射而來的眼光，不管看好我還是看衰我，我都能做到不起反應。

從此刻開始，我要爲自己而活

對於原生家庭，我也有著相同的體悟以及解脫感。

現在的我，與其說是不在乎父母的想法，不如說是我已不再爲了討他們歡心，而是試著理解他們的期待與盼望。我的父母是人，有他們的渴望，卻又求不得的種種，但那是他們的功課，不是我的。我該謹守的是做爲女兒的本分，而不是無止盡地將父母的匱乏，視爲我的責任。

我的責任，是我自己。

即使我需要兼負養育女兒的責任，仍然堅持不因爲照顧她，而曲折了自己的志趣。

養育孩子，不過是一個階段性任務，孩子會長大，會生出自己的羽翼，會在強健後離巢開拓自己的世界。做母親的，最後還是要回到自己身上，不以任何人做爲寄託，而是**誠實而直接地，面對「自己」而活著**。幼時順從父母、婚後侍奉公婆又照料丈夫、孩子，我們忙碌的生活中，花了太多時間在呼應外界的需求，卻很難有機會好好地、安靜地坐下來思考：**我這一生，追求的到底是什麼**？

滿足了上司的指令、家人的期待，卻連自己想要的是什麼，都未能明白。於是，經歷了兩次開刀、罹癌後結婚又離婚的我，醒悟過來。

從此刻開始，我要為自己而活。

清晰地、明確地與自己對話，不被外在的聲音擾動、摒除任何他人的價值觀，爲自己做決定，**決定只能活一次的人生，要活成什麼樣子**。

疲倦了，我不再期待有人憐惜，一杯熱拿鐵的溫暖，靠自己就能給予；不依賴誰的陪伴，即使自己吃飯也能津津有味，專注感受每一勺餐食的滋味。感謝所有來自外界溫暖的對待，同時深知自己不需靠誰填補，就能活得圓滿。

沒有誰能爲我打分數，更沒有人有資格論斷我的人生。這是我的主場、我的生命，我活在當下，爲我的追求付出代價，心甘情願。

這一生，不求有人爲我拍手喝采，只期待生命結束的那一剎那，能夠心滿意足，因爲已經盡情體驗所有風景，再無遺憾。

我的人生，不必用來取悅誰；我的人生，由我自己來定義。

我的人生，不必用來取悅誰；
我的人生，由我自己來定義。

—大姐的人生相談室③—

問：大姐，我想請問關於創業的問題。沒錢、沒資源、沒人脈，也不會寫企畫書的情況下，創業者該如何採取他的行動才是對的？在資金與家庭考量下，心理壓力的情況該如何調適？

答：創業者永遠是孤單的。即使有朋友或家人的精神支持，在面對各種不確定因素時，沒有辦法像受薪階級那樣，每個月穩穩領到勞務報酬。若是已經成家、有太太與孩子的生計需要考量，那份心理壓力，幾乎可以說是永遠的難題，這可能要等到你的公司成功IPO、賺得砵滿盆滿，才有能鬆口氣的一天。

創業者最不該當成第一步採取的動作，叫做**「投入資本」**。有太多人光憑熱情，就一頭栽進去，開始漫無止盡、為了打平開銷而想盡辦法賺錢的無限迴圈。**創業需要衝動、更需要冷靜，要看清楚商機在哪裡，**不能只依恃自己片面的觀察，而是要客觀深入地推敲：**以這個題目創業，到底有沒有機會賺到錢**？

至於企畫書，終究是要學會寫的。任憑你滿腦子絕妙好計，也要有良好的溝通工具，讓團隊夥伴或外部投資人看懂你想下的棋。如果是手上還一無所有的狀態，我會建議你到相關領域謀職，在產業裡打滾一陣子，一方面發展深入觀察，二方面培植人脈。創業初期會需要一筆啟動資金，可以透過青年貸款等國家補助的方式取得，更大的資金你也未必需要發愁，因為只要商模優秀，即使在相對草創初期，也有機會吸引到天使投資人，協助你募得做出成績的第一桶金。

不要一開始就把身家丟進去梭哈，會是讓你最沒有壓力的起手式。商機會不斷湧現，但假設一開始估算錯誤、揹上負債，又要多花好幾年時間，才能重新來過。因此，**寧可緩一點，也不要急著踏錯腳步**。

希望這樣的建議，對於正在思考如何開拓新局的你，有所助益。

問：大姐妳好。我到中年（四十歲）才發現自己有興趣的事業，沒有專業背景，也沒有明確的職缺，但有家庭要負責。不知道要怎麼找適合的切入點，要讀什麼樣的書，要怎麼開始累積經驗，方向對嗎？以後要怎麼變成一個事業，以及如何在家庭之間平衡呢？

答：這位爸爸／人夫辛苦了！人生走到中年才發現自己興趣的朋友其實不在少數，你並不孤單。過去我們都太致力於滿足家人與社會主流價值的期待，努力讓每一個人高興的同時，卻從來不記得要讓自己開心。

上有老、下有小的情況下，要急轉彎改變職涯發展，確實是一件非常危險的事情。除非別無選擇，否則我也不建議你輕舉妄動，畢竟你是個有責任感的人，若是造成家庭的負擔，最怪罪你的，必定是自己。

不知道你現在的工作，能不能讓你在下班之後，仍然有相對足夠的精力進修？在保有基本盤收入的前提下、預先準備轉換跑道的功課，會是最安全的策略。現在的大環境，對於斜槓與發展第二專長非常有利，光是網路資訊與各種線上課程，都能幫助人從最初階的知識入門。

你現在該做的，不是用非黑即白的心情，去看待未來的發展。**且戰且走，是我們中年人最聰明的策略**。盡可能保有一份穩定收入，是安了家人的心，更是讓你能無憂探索新可能的定心丸。就算在新事業探尋的過程中不如人意，退回原點，也還沒有任何損傷。

破釜沉舟，是我們有老有小的這輩人，最無法承擔之重。幸而我們都足夠成熟，願意在與家人共好的前提之下，追尋個人的自我實踐。因此，請先用不耗費太多成本、不損及根基的方式，對有興趣的事業領域做全盤的了解與規畫吧！

當你一步一步，發現自己對新領域已逐漸熟稔，試著以斜槓的方式做小規模嘗試後，算清楚每個月需要賺到的最低收入，方方面面評估好，再讓自己開啓新的篇章。

問：請問大姐，會如何與手足討論未來撫養父母的問題？感覺需要及早思考跟準備。

答：以我個人的狀況為例好了。因為家裡一直處於貧窮的狀態，從小我就憂懼於「萬一爸媽生病怎麼辦？」「萬一爸媽將來臥床，我的人生會不會也因此被拖垮？」畢竟父母只有負債，沒有資產，在毫無安全網的狀態下，一旦倒下，子女怕是得拿命去填。

早在近二十年前，我不顧父母的抗議、幫他們保險，做為第一道防線。我家中有三個孩子，我先獨立支付保費幾年，待妹妹就業後，也分擔部分。但弟弟從頭到尾都不願支出，即使到現在，也沒有負擔過一毛錢。但我心底清楚，保險保護的不是老人家，而是年輕一輩，減少發生意外或疾病時的金錢負擔。因此就算弟弟擺爛，我也沒有中斷過保險。現在，我的父母都已屆七十高齡，幸好身體狀況都是小病小痛，生活都能自理。坦白說，我的弟弟妹妹都不是願意預先討論這個問題的人。因為家庭教育，讓他們習慣抱持「船到橋頭自然直」的態度，甚至在我提起話題時，會用「到時候再說」草草帶過。

他們是已經長大的成人，我並沒有任何資格要求他們與我認真討論，但即使在這個前提下，我還是想保護好自己。萬幸的是，我父母現在居住的地方，是外婆贈予媽媽的房產，且在母親名下。我已經打算好，若是父母真有什麼大筆醫療費用的需求，就會提出「以房養老」的主張，將房子抵押給銀行，換取醫藥費或聘雇看護的支付能力。

雖然生在同一家庭，手足之間卻未必緣深。這就是我的命運，我早年就多次要求弟弟分攤保險費未果，因此未來若是因著父母長照需求而與手足齟齬，都是意料中的事情。

做好心理準備、設想各種可能後，把自己願意承擔的份額想清楚，不去期待手足或任何人的付出，是我在親緣淡薄的家庭中，學會的保護機制。

但我希望你們都比我幸福。希望你們擁有親愛的兄弟姐妹，能夠在父母垂暮之年，攜手互助，陪伴老人家走過最後的時光。

國家圖書館出版品預行編目資料

你不能選擇出身，但能活出想要的人生：大姐Selena寫給不甘現狀、不想放棄的你／陳珮甄Selena 著. -- 初版. -- 臺北市：圓神出版社有限公司，2023.04
224面；14.8×20.8公分. --（勵志書系；155）
ISBN 978-986-133-869-9（平裝）
1.CST：自我實現 2.CST：自我肯定
177.2 112001559

Eurasian Publishing Group
圓神出版事業機構
用心與你對話．網野無限寬廣
圓神出版社
Eurasian Press

www.booklife.com.tw reader@mail.eurasian.com.tw

勵志書系 155

你不能選擇出身，但能活出想要的人生：
大姐Selena寫給不甘現狀、不想放棄的你

作　　者／陳珮甄 Selena
發 行 人／簡志忠
出 版 者／圓神出版社有限公司
地　　址／臺北市南京東路四段50號6樓之1
電　　話／（02）2579-6600．2579-8800．2570-3939
傳　　真／（02）2579-0338．2577-3220．2570-3636
副 社 長／陳秋月
主　　編／賴真真
專案企畫／沈蕙婷
責任編輯／歐玫秀
校　　對／歐玫秀．吳靜怡
美術編輯／李家宜
行銷企畫／陳禹伶．鄭曉薇
印務統籌／劉鳳剛．高榮祥
監　　印／高榮祥
排　　版／陳采淇
經 銷 商／叩應股份有限公司
郵撥帳號／ 18707239
法律顧問／圓神出版事業機構法律顧問　蕭雄淋律師
印　　刷／祥峯印刷廠
2023年4月 初版

定價 350 元　ISBN 978-986-133-869-9

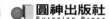